KB081404

당신은 이미 브랜드입니다

당신은
이미
브랜드
입니다

변화를 만드는
5가지 도구

김영욱(달변가 영쌤) 지음

천그루숲

머리말

"찾으시는 제품이 있으면 말씀해 주세요."

사람들에게 열심히 장바구니를 나눠주며 이런 인사말을 건넸다. 대학 졸업이 코앞인데 토익 점수조차 형편 없는 스펙을 보며 무의미한 나날을 보내다 일단 돈이라도 벌어야겠다는 생각에 무작정 유니클로에서 아르바이트를 시작했다. 그리고 이때 막연하게나마 MD가 되고 싶은 마음이 생겼다. 이곳에서 열심히 일하며 MD로 성공하고 싶었다.

내가 일했던 곳은 명동에 있는 4층짜리 유니클로 매장이었다. 아시아에서 가장 큰 규모인 데다 하루 매출이 5억 원을 넘을 정도로 손님들로 북적였다. 그러다 보니 MD로서 성장은커녕 휴일도 없이 일에 치여 하루하루를 보내야만 했다.

그럼에도 유니클로의 일은 꽤 재미있었고, 열정을 인정받아 6개월 만에 승진해 제법 중요한 역할도 맡게 되었다. 일도 어느 정도 손에 익으니 편해졌다. 그러나 마음 한편에서는 계속 답답함이 아우성치고 있었다. 너무나 강도 높은 일이었기에 조금이라도 체력이 떨어지면 이 일을 계속할 수 없을 것 같았다. 이곳은 내 인생의 종착역이 아니라는 생각이 들었다.

그러다 우연히 '워킹 홀리데이'라는 프로그램을 알게 되었다. 외국에서 일하며 공부도 할 수 있다는 것이 매력적이었다. '일을 할 수 있다면 먹고 지내는 데는 문제없을 테니 유학 갈 형편이 안 되는 나에게 딱이겠네'라는 생각에 그날부터 영어 공부를 시작했다. 일과 공부를 병행하기가 쉽지는 않았지만 뚜렷한 목표가 있었기에 누가 시키지 않아도 열심히 했다. 그리고 이듬해 워홀 신청에 성공했고, 스물여섯에 처음 여권을 만든 나는 캐나다로 향하는 비행기에 몸을 실었다.

하지만 부푼 기대와는 달리 캐나다 공항에 도착하자마자 냉혹한 언어의 장벽이 나의 발목을 잡았다. 캐나다에서 보낸 첫 3개월은 내 인생에서 가장 자존감이 떨어진 시기였다. 한국으로 돌아갈까 하는 마음이 간절했지만 돌아가 봐야 미래는 여전히 불투명하고, 패배자라는 주위의 시선도 두려웠다. 다시 마음을 다잡고 극심한 언어 차별을 이겨내며 분노의 공부를 하고 투잡을 뛰면서 바쁘게 생활하다 보니 캐나다도 웬만큼 익숙해졌다. 지금도 이때의 경험으로 살아갈 정도로 캐나다에서의 생활은 힘들었지만 기억에 남는 추억들도 많이 쌓은 시기였다.

캐나다에서 돌아와 본격적으로 영어 강사 생활을 시작했다. 전공이 경영학이었던 나에게 학원 강의는 굉장히 생소한 분야였지만 잘할 수 있을 거라는 막연한 자신감이 있었다. 하지만 근거 없는 자신감은 역시나 수업 첫날 박살이 났다. '내가 이렇게나 말을 못하는 사람이었나?' '내가 학생이어도 돈 내고 수업 듣기가 너무 아깝겠다!' '돈 받을 자격이 없어, 나는!' 이런 마음의 소리가 계속 울렸다. 속이 울렁거렸지만 내가 선택한 길이었기에 최선을 다해 강사 생활을 이어갔다.

학원에서 영어 강의를 한 지 1년이 지났다. 다른 강사들의 학생 수는 100~200명이 넘는데, 나는 여전히 30명을 넘기지 못하고 있었다. 학생 수만큼 돈을 버는 치열한 학원 강의의 세계에서 나는 아직도 길을 찾지 못해 헤매고 있었다. 그때부터 책을 미친 듯이 읽고, 성공한 사람들을 연구하기 시작했다. 그러자 하나의 단어가 공통적으로 보이기 시작했다. 바로 '브랜드'였다.

사람들은 영향력 있고 가치 있는 브랜드에 열광한다. 내가 그런 브랜드가 될 수 있다면 경제적·시간적 자유도 단순한 꿈은 아니었다. 내가 할 수 있는 단 하나의 방법은 나를 '브랜딩'하는 것이었다. 그때부터 나를 브랜딩할 수 있는 방법들을 열심히 찾았고, 다음과 같이 5가지 도구로 정리할 수 있었다.

첫 번째 도구는 '목표설정'이다. 분명하고 뚜렷한 목표는 내가 길을 잃지 않고 앞으로 나아갈 수 있도록 도움을 준다. 그래서 나는 하루, 일주일, 1년의 목표를 세우고, 목표를 달성하기 위해 일정을 꼼꼼히 관리했다. 목표를 설정하고 일정을 제대로 관리할 수 있게 되자 나의 경험을 정리한 다이어리를 만들어 크라우드 펀딩을 했고, 펀딩은 대박이 났다. 이 모든 게 목표설정을 제대로 배우고 익힌 덕분이었다.

두 번째 도구는 '글쓰기'이다. 글의 힘은 강력하다. 수많은 멘토들이 글쓰기를 강조하는 데에는 분명 이유가 있다. 처음에는 의심스럽기도 했지만 성공한 사람들이 하는 말이니 일단 그 말을 믿고 꾸준히 글을 쓰고 기록으로 남겼다. 그리고 지금은 만나는 사람마다 우선 글부터 써보라고 말할 정도로 글쓰기의 강력한 힘을 알게 되었다.

세 번째 도구는 '말하기'이다. 말하기 역시 글쓰기만큼 강력한 힘을 지니고 있다. 내 생각을 제대로 말하고 전달할 수 있다면 내가 가진 가치와 영향력은 커질 수밖에 없다. 나는 우선 머릿속 생각을 글로 정리하고, 상대방에게 잘 전달할 수 있도록 반복해서 말하기를 연습했다. 이렇게 열심히 노력한 글쓰기와 말하기는 내가 영향력 있는 브랜드가 될 수 있게 도움을 준 일등공신이 되었다.

네 번째 도구는 'SNS의 활용'이다. 한 명의 개인이 대기업 브랜드 이상의 가치를 낼 수 있도록 해주는 가장 강력한 도구가 바로 SNS다. 누구나 쉽게 활용할 수 있지만 아무나 잘할 수 있는 건 아니기 때문에 어떻게 하면 SNS를 잘 활용할 수 있는지를 배우고 익혔다. 그 결과 나의 유튜브 구독자는 33만을 넘게 되었고, 이로 인해 경제적·시간적 자유를 얻게 되었다.

다섯 번째 도구는 '브랜드'이다. 브랜드가 가져야 할 소중한 가치, 브랜드가 될 수 있는 다양한 방법들을 책과 영상을 통해 연구했다. 브랜드의 중요성에 대해 알고 있었기에 항상 옳은 선택을 할 수 있었고, 나의 경험을 토대로 사람들에게 퍼스널 브랜딩에 대해 알려줄 수 있게 되었다. 그렇게 나는 지금 가치 있는 브랜드가 되어가고 있다.

"당신의 시작을 돕고, 변화를 만들어 내겠습니다. 저 역시 누군가의 응원으로 시작했고, 이렇게 변화를 얻어냈습니다. 당신과 나, 우리는 함께 해낼 수 있습니다."

이 문구는 사람들에게 나를 소개할 때 하는 말이다. 이 말처럼 이제부터 내가 그동안 경험하고 적용하며 찾아낸 다양한 자기계발 법칙과 내가 사용한 도구들을 활용하는 법을 소개할 것이다. 당신은 이미 브랜드라는 사실을 항상 기억하고, 이 책을 통해 당신의 삶이 더 나아지기를 기원한다.

김영욱 드림

당신의 삶은
분명 변화할 것이고,
더 나아질 것입니다.
당신은 이미 브랜드입니다.

차 례

머리말

PART 1

브랜딩의 시작
목표설정 & 계획관리

목표를 세우는 순간 마법이 시작된다   17

목표를 세우기 어려운 이유   19

목표는 이렇게 세우면 이루어진다   26

일의 우선순위를 정하는 방법   29

어떤 목표도 달성하게 만드는 '벽돌 쌓기 법칙'   35

벽돌 쌓기 제1법칙 - 1년 목표 세우기(성 그리기)   40

벽돌 쌓기 제2법칙 - 일주일 목표 세우기(설계하기)   60

벽돌 쌓기 제3법칙 - 하루 목표 세우기(벽돌 쌓기)   67

벽돌 쌓기를 위한 다이어리 쓰기   72

PART 2 변화를 만드는 3가지 도구

첫 번째 도구 - 글쓰기

글쓰기가 왜 그렇게 중요할까?   82

뭘 해야 할지 몰라 글을 썼다   86

쓴다는 것의 의미   91

고작 글 하나 쓰는 것인데, 왜 이렇게 어려울까?   98

초심자가 글을 잘 쓰는 방법   108

쓰면 결국엔 변한다   121

두 번째 도구 - 말하기

표현 잘하는 사람이 인정받는 시대   124

누구나 말을 잘할 수 있다   128

오늘부터 당장 말을 잘할 수 있는 방법   135

인기 있는 사람들의 비밀은 '의사소통'에 있다   144

세 번째 도구 - SNS 활용하기

어떤 SNS부터 해야 할까?   148

블로그의 모든 것   153

블로그가 가져다주는 3가지 장점   166

블로그는 제목이 반이다   170

나도 유튜브를 할 수 있을까?   175

인기 있는 유튜브의 4가지 유형   187

내 영상이 '재미' 있어지는 3가지 습관   193

마지막으로 기억해야 할 단어 '소통'   198

PART 3 당신은 이미 브랜드이다

당신의 브랜드가 시작된다   205

먼저 시작할수록 좋은 브랜드가 된다   208

평범한 내가 브랜드가 되는 법   217

팔리는 콘텐츠를 만드는 법   221

더 가치 있는 브랜드가 되기 위한 3단계   236

브랜드란 결국 메시지다   242

PART 1

브랜딩의 시작
- 목표설정 & 계획관리

단소를 통해 꿈꾸는 미래

목표를 세우는 순간
마법이 시작된다

목표를 세우는 이유는 단순하다. 목표를 세워야 이룰 수 있기 때문이다. '공을 차보니 거기에 골문이 있었다'는 초심자의 행운을 기대하지 말고, 골문을 확인하고 정확히 그곳을 향해 공을 차야 한다.

나는 항상 다이어리에 목표를 적는다. 그리고 놀랍게도 다이어리에 적은 일들이 모두 다 이루어졌다. 연봉 1억 원을 넘겼고, 유튜브 구독자는 30만이 넘었다. 연남동에 작지만 예쁜 나만의 강의공간도 생겼다. 또 내가 가장 존경하는 분 중 한 명인 김미경 대표님과 만나 MKYU(MK&You University)에 영어 강좌를 개설했다. 그리고 지금 이렇게 책을 출간하게 되었다. 이외에도 이루어진 것은 수없이 많다. 모두 내가 목표로 삼았던 것들이다.

목표를 세우면 우리가 가야 할 방향을 정확히 알 수 있고, 훨씬 빨리 목표에 도달할 수 있다. 발리로 여행을 가고 싶다면 발리행 비행기를 타야 한다. 그저 아무 비행기나 탄다고 해서 발리에 갈 수 있는 것이 아니다. 발리라는 명확한 목적지로 향하는 비행기를 타야 우리는 발리에 닿을 수 있다.

물론 단순히 목표를 세우는 것만으로 모든 것이 다 이루어지지는 않는다. 명확한 방향을 정하고 행동을 이끌어 낼 수 있는 목표를 세워야 달성하기 쉬워진다. 아무도 몰라봐 주고, 아무것도 없었던 내가 30만 유튜버가 되고, 자기계발서를 출간한 저자가 되고, 수많은 사람들에게 변화할 힘을 주는 퍼스널 브랜드가 되기까지 겪었던 시행착오와 경험들을 이 책에 고스란히 담아낼 것이다. 그 시작이 바로 '목표설정'이다.

목표를 세우기
어려운 이유

목표가 필요하다는 건 알겠는데
꼭 목표를 세워야 하나요?

나는 영어 강의를 할 때 영어뿐 아니라 목표설정의 중요성에 대해서도 많이 강조하는 편이다. 영어를 잘하기 위해서는 분명한 목표가 있어야 하기 때문이다. 비단 영어뿐만 아니라 우리의 삶에서도 목표를 잘 세우는 것이 중요하다고 말하자 한 학생이 이렇게 물었다.

"그런데 꼭 목표를 세워야 하나요? 저는 목표를 세우는 게 귀찮고 싫어요."

생각지도 못한 질문에 갑자기 할 말을 잃고 5초 정도 멍하니 그

학생을 바라보았다. 목표를 세우는 게 너무도 익숙하고 당연하게 여기고 있었던 나는 그 학생과 같은 생각을 해본 적이 없었다. 이유를 물어보니 학생의 대답은 이랬다.

"사실 어떤 목표를 세워야 할지도 모르겠고, 막상 목표를 세웠는데 그것을 이루지 못하면 자괴감이 들더라고요."

그 학생의 이야기를 듣고 많은 사람들이 왜 목표를 세우지 못하는지 이유를 생각해 보았다. 그렇다. 사람들이 목표를 세우기 싫어하는 이유는 크게 2가지다.

① 자기가 무엇을 원하는지 잘 모른다.
② 목표를 세워도 실행하지 못한다.

첫 번째는 남들이 다 하는 '다이어트' '책 읽기' 등의 추상적인 목표만 세울 뿐 정작 자신이 이루고자 하는 목표가 무엇인지 모르는 경우이다. 그래서 목표의 의미가 옅어지고, 목표를 세우는 일이 도움이 되는 것 같지도 않고 정말 필요한지도 의문이 든다. 결국 목표는 흐지부지되고, 다이어리는 책장 속에서 잊혀진다.

두 번째는 목표를 거창하게 세웠지만 정작 실행하지 못하고, 오히려 목표가 족쇄가 되어버리는 경우이다. 실제로 우리의 뇌는 처리하지 못한 일이 있으면 무의식중에 계속 스트레스를 받는다고 한다. 스트레스가 계속 쌓이면 '아, 이게 다 계획을 세워서 그런 거야!'라고 생각하게 되고, 계획을 세우는 것을 부정적으로 여기게 되는 것이다. 그러고는 복세편살(복잡한 세상 편하게 살자)을 떠올리며 목표 없이 사는 삶도 괜찮다고 자신을 합리화하게 된다.

물론 목표 없는 삶이 잘못되었다거나 올바르지 않다는 것은 아니다. 세상에는 분명 이렇다 할 목표를 세우지 않고도 잘 살아가는 사람들이 있다. 그러나 이 책을 선택하고, 여기까지 읽은 당신이라면 분명 마음속 어딘가에서 신호를 보냈을 것이다. 변하고 싶고, 나아지고 싶어서 이 책을 펼쳤을 테니 말이다. 그렇다면 이제부터라도 목표를 세워야 한다.

목표를 세우지 못하는 이유, 목표를 실행하지 못하는 이유를 알았다면 해결책은 이미 나왔다. 목표를 세우기 위해서는 다음 2가지만 하면 된다.

① 내가 정말 바라는 것이 무엇인지 고민하기
② 이루기 쉬운 목표들을 먼저 세워보기

내가 정말 바라는 것은 무엇일까?
- 나는 어디서 행복을 느끼는가?

한때 소확행(소소하지만 확실한 행복)이라는 말이 크게 유행했다. 카페 앞을 지나다, 벚꽃을 보다, 책을 읽다, 운동을 하다 그 순간을 사진으로 찍고 '#소확행'이라는 해시태그를 붙인 포스팅이 인스타그램을 뒤덮은 적이 있다. 나도 개인적으로 소확행이라는 말을 좋아한다. 그런데 여기서 집중해야 할 키워드는 '소소한'이 아니라 '확실한'이다. 확실한 행복을 느끼려면 내가 정말 원하는 것이어야 한다. 아무리 대단한 것일지라도 확실한 행복을 느끼지 못할 수 있고, 아주 작은 것일지라도 확실한 행복을 느낄 수 있다. 누구에게는 해외여행이 아주 큰 행복을 주겠지만, 누군가는 퇴근 후 시원한 맥주를 마시며 좋아하는 드라마를 보는 것이 해외여행보다 더 큰 행복일 수 있다.

이처럼 '확실한 행복'이란 사람마다 느끼는 행복이 다르다는 의미를 포함한다. 따라서 남의 행복과 나의 행복을 구분할 줄 알아야 한다. 내가 추구하는 행복이 정말 오롯이 내가 원하는 것인지 스스로에게 물어봐야 한다. 이것을 왜 이루고 싶은지, 왜 원하는지 꾸준히 질문해 보고 나만의 확실한 행복을 찾으면 그것이 바로 '목표'가 된다.

쉬운 목표를 찾는 방법
- 정상을 바라보기보다 한 걸음에 집중

가끔 선조들의 통찰을 보면 놀라울 때가 있다. '천 리 길도 한 걸음부터'라는 말은 대수롭지 않게 들리지만 목표를 달성할 수 있는 가장 확실한 방법이다. 그런데 고작 '한 걸음'이 왜 이렇게 어렵게 느껴질까?

어떤 목표를 세울 때 우리의 뇌는 이미 그것을 달성한 모습을 그린다. 몸짱이 되어 태닝한 몸으로 해변을 거니는 모습, 영어를 술술 말하며 전 세계의 친구들 사이에서 인싸가 되어 있는 모습, 나의 책이 베스트셀러가 되어 인세를 연봉만큼 받는 상상을 한다 (지금 나는 이러한 상상을 하고 있다). 이런 상상을 할 때는 그것이 실현되었을 때와 비슷한 쾌감을 느낀다. 그런데 여기에 문제가 하나 있다. 상상이 연기처럼 사라져버리고 현실로 복귀하는 순간 고통이 시작된다는 것이다. 몸짱이 되기 위한 운동과 식단 조절은 괴롭기만 하다. 영어를 술술 말하려면 정말 열심히 공부해야 한다. 그리고 책을 쓰는 과정은 고통 그 자체이다(고로 지금 나는 괴롭다). 이렇게 괴로움이 쌓이는 순간 우리는 쉽게 포기를 한다. 역시 상상은 상상일 뿐이라고 생각한다.

하지만 이럴 때일수록 한 걸음이 더욱 중요하다. '일주일에 헬스장 한 번' '하루 한 끼 샐러드' '영어 공부 하루 10분' 이렇게 쉬운 목표부터 설정하자. 그러면 현실이 괴롭지도 않고, 실제로 뭔가 하고 있다는 성취감을 느끼며 자존감도 함께 올라간다. 이것을 일주일에 네 번만 지켜도 한 달이 되면 엄청난 목표를 달성하는 것이다. 상상이 현실이 되는 것은 언제나 한 걸음부터다. 오늘 천 리 길을 상상했다면, 오늘 한 걸음을 걸으면 된다. 나 역시 오늘도 이렇게 30분씩 글을 쓰고 있다.

당신은 이미 브랜드입니다

'일주일에 헬스장 한 번'
'하루 한 끼 샐러드'
'영어 공부 하루 10분'
이렇게 쉬운 목표부터 설정하자.
그러면 현실이 괴롭지도 않고,
실제로 뭔가 하고 있다는
성취감을 느끼며
자존감도 함께 올라간다.

목표는 이렇게 세우면
이루어진다

좋은 목표의 필수조건

이제 조금씩 목표를 세우고 싶은 마음이 들 것이다. 그럼 어떤 것이 실천하기 좋은 목표일까? 당연히 내가 가장 간절히 바라는 목표가 좋은 목표이다. 그리고 실현 가능성이 큰 목표는 5가지 특징을 가지고 있다. 이것을 '스마트한 목표(SMART Goal)'라고 한다.

당신은 이미 브랜드입니다

SMART한 목표를 세울 때 '숫자'를 이용하면 실현 가능성이 높아진다.

- 책을 쓴다 → 올해 안에 두 권의 책을 출간한다.
- 매일 책을 읽는다 → 매일 책을 5페이지 이상 읽는다.
- 유튜브 구독자 1만 명을 달성한다 → 유튜브 구독자 1만 명을 12월 20일까지 달성한다.
- 3km를 걷는다 → 일주일에 2회 이상 3km를 걷는다.

이렇게 숫자를 넣으면 구체적이고, 측정 가능하며, 정해진 시간 안에 현실적인 목표를 달성할 수 있다. 물론 이러한 목표를 정하는 데도 연습이 필요하다. 나 역시 구체적인 목표를 세우기가 가장 어려웠다. 나는 원래 디테일과 숫자에 약하다 보니 내가 설정한 구체적인 숫자가 적절한 것인지 알 수 없었다.

예를 들어 '영어 단어를 하루 10개씩 일주일에 5일 동안 외운다'는 목표를 처음 세웠을 때, 하루에 10개의 영어 단어를 외우는 데 시간이 얼마나 걸리는지 알 수 없었다. 일주일이 지났을 때에야 비로소 하루에 영어 단어 10개를 외우는 데 생각보다 시간이 많이 걸리고 쉽지 않다는 것을 알았다. 당연히 목표 달성에 실패했다. 그래서 양을 줄이기로 했다. 지금은 '하루에 영어 단어 4개씩을 일주일에 5일 동안 외운다'는 목표가 가장 적절하다는 것을 알았다.

이처럼 구체적인 목표를 세우려면 현실적으로 달성 가능한지부터 알아야 한다. 이를 위해서는 계속 목표를 세우고 달성해 보는 수밖에 없다. 반복하다 보면 나에게 맞는 목표를 세우고 타임 스케줄도 짤 수 있게 된다. 거듭 말하지만 목표 세우기도 연습이 필요하다. 이제부터라도 '숫자'를 이용해 내가 바라는 목표를 세워보고 달성하기 위해 실천해 보자.

일의 우선순위를
정하는 방법

그날 하루의 목표를 달성하려면 무엇보다 우선순위를 정하는 것이 매우 중요하다. 우선순위만 제대로 정해도 목표 달성에 거의 근접하게 된다.

회사 업무는 우선순위에 따라 일을 진행하는 것이 그리 어렵지 않다. 갑자기 상사가 불러서 "이거 급한 일이니 이것부터 해!"라고 하면 그 일을 먼저 하면 된다. 그러나 프리랜서나 자영업자, 취업 준비생 등 혼자 일하는 사람들은 무엇부터 하라고 시키는 사람이 없다. 따라서 스스로 우선순위를 정해야 하는데, 그게 생각보다 쉽지가 않다. 그럼 이제부터 일을 할 때 우선순위를 정하는 방법에 대해 알아보자.

아침에 할 일과 저녁에 할 일은 따로 있다

오전에 4시간, 오후에 4시간 나눠서 일을 한다고 해보자. 오전에는 어떤 일을 하고, 오후에는 어떤 일을 하는 것이 좋을까? 이것만 명확해도 우선순위를 정하기가 쉬워진다. 이때 우선순위를 매기는 데는 2가지 기준이 있다.

① 일의 중요도에 따라 정한다.
② 일의 성격에 따라 정한다.

첫 번째 기준에 따르면 중요한 일은 오전에 처리하는 것이 좋다. 아침에 눈을 뜨면 우리는 100% 충전된 휴대폰과 같은 상태이다. 이때는 어떤 작업도 무리 없이 진행할 에너지가 충분하다. 중요한 일일수록 에너지가 많이 투입되어야 하므로 아침에 하는 것이 좋다. 오후나 저녁에는 아무래도 오전만큼 에너지가 충분한 상태가 아니다 보니 조금 덜 중요하거나 복잡하지 않은 작업을 하면 적은 에너지로도 충분히 처리할 수 있다.

두 번째는 주로 내가 이용하는 방식인데, 일의 성격에 따라 분류하는 것이다. 오전에 뇌에서 분비되는 호르몬과 오후에 분비되는 호르몬이 다르다고 한다. 아침에 눈을 뜨면 우리 뇌에서는 세로

당신은 이미 브랜드입니다

토닌이 분비된다. 세로토닌은 스트레스를 줄여주고 수면과 감정을 조절하는 호르몬이다. 행복 호르몬이라고 불리는 세로토닌은 우리를 긍정적이고 차분한 상태로 만들어주기 때문에 어렵고 복잡한 작업도 효율적으로 해낼 수 있다. 반면 오후가 되면 우리 뇌에서 아세틸콜린이 분비된다. 아세틸콜린은 인지 기능과 영감에 깊이 관여하는 호르몬이다. 문득 샤워를 하거나 버스에서 멍 하니 있을 때 번뜩이는 아이디어가 떠오르는 것도 아세틸콜린이 충분히 분비된 상태에서 나오는 것이다(그래서 4B(Bar, Bus, Bath, Bed)에서 아이디어가 많이 나온다고 한다).

이러한 뇌 과학 지식을 활용해 일의 우선순위를 정할 수 있다. 즉, 뇌 호르몬의 분비에 따라 오전에는 집중력이나 논리력이 필요한 일을 하는 것이 좋고, 오후나 저녁에는 창의력과 상상력이 필요

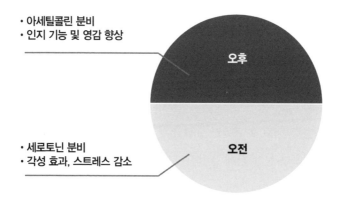

• 아세틸콜린 분비
• 인지 기능 및 영감 향상

오후

• 세로토닌 분비
• 각성 효과, 스트레스 감소

오전

한 일을 하는 것이 효율적이다.

- 오전에는 논리적인 글쓰기, 언어 공부, 코드 짜기, 복잡한 계산, 높은 집중력을 요하는 작업 등이 좋다.
- 오후에는 감성적인 글쓰기, 아이디어 모으기, 단순한 작업, 회의 등이 좋다.

그래서 나는 항상 오전에 글을 쓴다. 원고를 쓰는 작업은 단순히 인스타그램이나 블로그에 게시하는 글보다 더 높은 집중력이 필요하므로 하루의 우선순위에서 항상 오전에 자리했다. 밤에는 이상하리만큼 감성적인 글이 되어 원고를 썼다 지우는 경우가 많다.

반면 유튜브 영상은 항상 밤에 작업한다. 밤에는 이런저런 아이디어나 재미있는 소재가 잘 떠오르기 때문이다. 또 영상 작업 자체가 자르고 붙이기, 자막 넣기 등 크게 집중력을 요구하는 일이 아니다 보니 밤에도 수월하게 작업할 수 있다. 유튜브 대본 같은 아이디어도 밤에 잘 떠오르는 경우가 많은데, 그때그때 짧게라도 노트에 적어두었다 다음 날 아침에 제대로 정리하여 대본을 완성하는 편이다.

이렇게 매일 진행하는 작업들의 우선순위만 잘 정해 놓아도 일의 진척도는 눈에 띄게 높아진다.

당신은 이미 브랜드입니다

쉬운 것부터 먼저,
장기적인 작업은 나중에

《심리학이 이렇게 쓸모 있을 줄이야》(류쉬안)라는 책에는 우선순위를 어떻게 정해야 일을 효율적으로 처리할 수 있는지에 대해 설명하고 있다. 내용은 단순하다. 처리하기 쉬운 것부터 시작하고, 이후에는 장기적으로 진행하는 작업과 오늘까지 처리해야 하는 일로 마무리한다. 쉬운 일은 다음과 같이 클릭 한 번으로 끝나거나 길어도 10분이 넘지 않는 것들이다.

- 이메일 회신하기
- 공과금 납부하기
- 미팅 일정 잡기

이런 일들을 먼저 완료하는 습관을 들이고, 그다음에 장기적으로 해야 하는 일들을 한다. 나의 경우 평소에 주로 하는 장기적인 작업들은 다음과 같은 일들이다. 보통 30분 이상 집중해서 처리해야 하는 일들이 대부분 여기에 포함된다.

- **책 원고 10페이지 쓰기**

- 다음 주 미팅용 PPT 만들기
- 유튜브 영상 기획 및 대본 쓰기
- 1시간짜리 마케팅 강의 듣기

그리고 마지막으로 오늘 반드시 처리해야 하는 일로 마무리하면 된다. 시험 전날이 가장 집중력이 높은 것처럼 발등에 불이 떨어진 일은 아무리 피곤해도 해야 하기 때문에 맨 마지막 순위로 두어도 처리하게 된다.

- 오늘까지 제출해야 하는 보고서 작성
- 내일 미팅에 필요한 PPT 예행 연습

사실 우선순위를 정하는 데 정답은 없다. 자신만의 방식과 루틴을 찾는 것이 가장 좋다. 지금까지 알아본 방법을 참고해 자신에게 잘 맞는 방법을 찾아 꾸준히 해보자. 하루 일과를 처리하는 속도가 훨씬 더 빨라질 것이다.

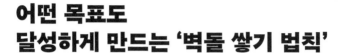

어떤 목표도
달성하게 만드는 '벽돌 쌓기 법칙'

목표는 반드시 이루어진다

지난 7년 동안 프리랜서 생활을 돌아보면 내가 목표로 삼았던 것들 중 이루어지지 않은 것은 거의 없다. 100명 이상의 사람들 앞에서 강연도 해봤고, 이 책을 포함해 3권의 책을 출판했다. 30만 명의 구독자를 보유한 인플루언서가 되었고, EBS에서 강의를 하고, 연남동에 20평짜리 사무실도 생겼다. 그리고 이제는 또 다른 목표를 향해 나아가고 있다.

이런 이야기를 들으면 내가 큰 어려움 없이 살았을 거라고 오해할 수도 있을 것 같아 내 이야기를 조금 해보고자 한다. 나는 스물한 살에 아버지가 갑자기 돌아가셨다. 어제까지 웃으며 전화 통

화를 하던 아버지를 하루아침에 장례식의 영정사진으로 만나게
되었다. 집은 경매로 넘어갔고 우리 가족은 8평짜리 단칸 월셋방
으로 옮겨야 했다. 그 후로 나는 집에서 금전적인 도움을 받지 못
했다. 캐나다 워킹 홀리데이도 1년 동안 아르바이트를 해서 모은
돈으로 다녀왔고, 햇볕도 안 드는 반지하에서 자취를 했다. 영어
강사를 시작할 때도 가진 것이라고는 아무것도 없었다. 한 달에
30만 원 벌이가 전부였다.

그렇다고 좌절만 하고 있을 수는 없었다. 닥치는 대로 자기계
발 서적을 읽기 시작했다. 어떻게 하면 이 지긋지긋한 가난에서 벗
어날 수 있을지 고민하고 또 고민했다. 그런데 자기계발서를 읽다
보니 대단한 목표를 달성한 사람들의 공통점이 보였다. 그 방법을
따라 해보니 놀라운 일이 벌어졌다. 목표가 하나하나 달성되기 시
작한 것이다. 시간이 걸리긴 했지만 내가 설정한 목표는 어떻게든
달성되었다. 그래서 내가 성공한 방법을 많은 사람들에게 꼭 전해
주고 싶었다. '당신의 목표는 반드시 이루어진다'는 것을…. 그것이
바로 '벽돌 쌓기 법칙'이다.

당신은 이미 브랜드입니다

벽돌 쌓기 법칙

'벽돌 쌓기 법칙'은 다음 3단계로 이루어진다. 아주 간단한 방법 이기에 누구나 쉽게 활용할 수 있다.

1단계 : 성 그리기   2단계 : 설계하기   3단계 : 벽돌 쌓기

1단계 '성 그리기'는 최종적으로 달성하고 싶은 아주 커다란 목 표이다. 2단계 '설계하기'는 그 성을 짓기 위해 필요한 작은 목표 이다. 3단계 '벽돌 쌓기'는 우리가 하루 또는 1시간 만에 할 수 있는 아주 작은 목표이다. 즉, 가장 큰 목표에서 가장 작은 목표의 3단계 로 목표를 세분화하는 것이다. 이것을 시간에 따라 나누면 다음과 같다.

1단계 : 성 그리기   2단계 : 설계하기   3단계 : 벽돌 쌓기

1년 계획(목표)   일주일 계획(목표)   하루 목표

결국 핵심은 내가 하루하루 해낼 수 있는 일들을 계획하고, 그걸 해내는 것이다. 지금 나에게 도서관을 하루 만에 지으라고 한다면 내가 아무리 실력이 뛰어난 건축가여도 해낼 수 없을 것이다. 그러나 도서관을 짓기 위해 매일 벽돌 3개씩 쌓으라고 한다면 쉽게 할 수 있다. 이것이 바로 '벽돌 쌓기 법칙'이다. 이 법칙을 따른다면 그 어떤 목표도 달성할 수 있다. 그럼 이제부터 '벽돌 쌓기 법칙'을 어떻게 활용하는지 하나하나 살펴보자.

당신은 이미 브랜드입니다

"

나는 내가 경험한 방법을
많은 사람들에게
꼭 전해 주고 싶었다.
'당신의 목표는
반드시 이루어진다'
라는 것을….

"

벽돌 쌓기 제1법칙 -
1년 목표 세우기(성 그리기)

나만의 성을 그리자

   벽돌 쌓기 법칙에서 가장 먼저 해야 할 것은 내가 짓고 싶은 성을 그려보는 것이다. 더 쉽게 말하면 달성하는 데 최소 6개월에서 1년 정도 걸리는 큰 목표를 세우는 것이다. 5년은 너무 길다. 1년이 좋다. 목표에도 유통기한이 있는데, 내가 생각하는 최대 기한은 1년이다. 한때 5년의 장기 비전이 유행하기도 했다. 의류매장에서 일할 때 나는 '5년 뒤에 회사에서 성공한 MD로 자리 잡고 있을 것이다'라는 비전을 그렸다. 하지만 그 비전은 3개월 만에 잊혀졌고, 지금의 나는 5년 전 내가 계획했던 것과는 전혀 다른 삶을 살고 있다. 그런 점에서 5년은 목표를 세우기에 너무 길고 막연하다.

          당신은 이미 브랜드입니다

그러니 1년 목표를 먼저 세워보자. 지금이 새해가 아니라도 좋다. 보통 한 해의 목표는 1월에 세우는 경우가 많지만 사실 1년 목표는 어느 때나 세워도 상관없다. 봄바람이 불어오는 3월에 시작하는 것도 좋다. 아니면 뜨거운 태양이 내리쬐는 7월도 적당하다. 나는 보통 10월에 다음 연도 목표를 세운다. 올해를 잘 마무리하는 데도 도움이 되고, 남들보다 먼저 내년 목표를 세웠다는 묘한 성취감도 생기기 때문이다.

'대표 문구'를 먼저 만들어 보자

1년 목표를 세울 때는 1년을 대표하는 한 문장이나 한 단어를 적는 것이 좋다. 대표 문장을 적으면 그와 연결되는 목표들을 달성하는 데 큰 도움이 되고 스스로에게 동기부여도 된다.

내게 2018년을 대표하는 문장은 'R=VD(Realization = Vivid Dream, 매우 생생하게 상상하면 이루어진다)'였다. 비록 지금은 낮은 곳에 있지만 강렬하게 상상하면 내가 원하는 모습이 될 수 있다고 믿었다.

2019년의 한 문장은 '이전보다 높게'였다. 2018년은 생각보다 많은 것을 이루지 못한 해였지만, 그보다 더 많은 것을 이루는 2019년이 되기를 바라는 마음이었다.

2018년
R=VD (Realization = Vivid Dream)

1) 한 달 수강생 70명 찍어보기
 - 그만큼 감당할 실력 필수
 - 조금 더 디테일하게, 즉 프로답게 행동하기

2) 4회의 강연하기
 - 그러기 위해 더 많이 읽고, 더 많이 만나야겠지?

3) 유튜브 영상 12개 올리기

4) 바디 프로필 찍기

5) TV 출연하기

2020년의 한 문장은 '내 인생의 대표가 되어가는'이었다. 일하던 학원을 나와 독립하고, 나만의 브랜드로서 사람들에게 다가가기를 원하는 마음이었다.

2021년의 한 문장은 '더 높은 곳으로'였다. 어느 정도 성취를 맛보면서 자만하는 마음이 들었기에 안주하지 말고 더 열심히 나아가고 싶은 마음이었다.

대표 문구를 쓰고 나서 내가 원하는 목표가 떠오를 때도 있었

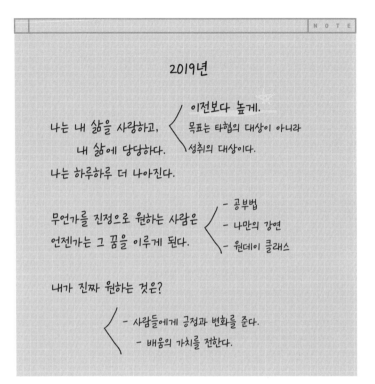

2019년

나는 내 삶을 사랑하고,

이전보다 높게.
목표는 타협의 대상이 아니라
성취의 대상이다.

내 삶에 당당하다.

나는 하루하루 더 나아진다.

무언가를 진정으로 원하는 사람은
언젠가는 그 꿈을 이루게 된다.

- 공부법
- 나만의 강연
- 원데이 클래스

내가 진짜 원하는 것은?

- 사람들에게 긍정과 변화를 준다.
- 배움의 가치를 전한다.

다. 2019년의 경우 '이전보다 높게'라는 대표 문구를 먼저 쓰고 나니 이루고 싶은 목표들이 차례로 떠올랐다. 작년보다 더 나아지면 되었기에 목표를 세우기가 어렵지 않았다.

2020년의 경우 '내 인생의 대표가 되어가는'이라는 대표 문구를 쓰고 나니 내가 간절히 바라는 것이 '독립'임을 깨달았다. 독립이라는 것 자체가 '나로서 단단하게 선다'는 느낌이 들었다.

마침표를 찍는 2021년

1) 다이어리를 제작해 판매한다.
   - 다이어리는 만 부가 넘게 팔린다.

2) 외부 강의, 자체 강의를 5회 진행한다.
   - 퍼스널 브랜딩
   - 영어 공부
   - 자기계발 & 습관 형성

3) 12월 31일까지 유튜브 전체 강의가 90개가 되게 한다.
   바라는 숫자는 구독자 50만~ 전체 천 만 조회 찍기

4) 조동사 책이 대박 난다.
   대만과 일본에서 판매하고 싶다고 연락이 온다.

5) 영어 공부에 더 집중한다.
   들어오는 외부 강의는 다 처리한다.

대표 문구는 한 문장이 가장 좋고, 한 단어로도 충분하다. 뾰족할수록 잘 뚫리는 송곳처럼, 한 문장으로 명확하게 정리하면 다른 길로 빠지지 않고 목표만을 향해 나아갈 수 있다. 그리고 대표 문구는 한 해 동안 얼마든지 수정해도 된다. 실제로 2021년 목표인 '더 높은 곳으로'는 중간에 '마침표를 찍는'으로 바꿨다. 해야 할 일들이 산더미처럼 쌓여 있는데, 무엇 하나 마침표를 제대로 찍지 못하고 갈팡질팡하는 나를 보며 다시 세운 목표이다.

이제 잠시 책을 덮고 앞으로 1년 동안 나를 이끌어갈 한 단어 또는 한 문장을 떠올려보자. 머릿속에 떠오르는 것이 있다면 바로 메모장에 적어두자(이 책의 빈 공간이나 스마트폰에 적어도 된다). 무의식중에 가장 먼저 생각난 단어가 내가 가장 강렬하게 바라는 것이다. 이렇게 대표 문장이 정해진다면 목표 세우기는 숨 쉬듯 쉬워진다.

1년 목표를 세울 때 기억해야 할 2가지

대표 문구가 정해졌다면 이제 1년 동안 내가 이루고 싶은 목표를 정할 시간이다. 이때는 다음 2가지만 지키면 된다.

① **목표는 보다 크게(때로는 어이없을 정도로) 잡는다.**
② **구체적으로 쓴다.**

목표는 항상 크게 잡는 것이 좋다. 그런데 너무 큰 목표는 현실적으로 실현 불가능하다고 생각하기 쉽다. 지금의 상황으로는 여기까지가 나의 최선이라고 한계를 정해 버리기 때문이다.

천그루숲의 출판기획자 백지수 님의 인스타그램에는 이런 문구가 있다.

"꿈을 크게 가져라. 깨져도 그 조각이 크다."

그렇다. 목표 달성도 중요하지만, 그것을 향해 나아가는 과정에서 얼마나 많은 것들이 이루어졌는가가 더 중요하다. 나는 10을

천그루숲 출판기획자 백지수 님의 인스타그램

당신은 이미 브랜드입니다

목표로 하고 10을 달성한 것보다 100을 목표로 두고 12를 달성한 것이 더 크다고 생각한다. 세상은 어차피 나의 한계를 규정한다. 그런 상황에서 나조차 내 꿈의 한계를 규정 지을 필요가 없기 때문이다.

목표를 작게 잡으면 쉽게 달성하고 거기에 안주한다. 물론 작은 목표라도 달성하는 것이 중요하지만 우리 인생은 단거리 달리기가 아니다. 목표를 높게 잡으면 조금 벅차게 느껴지더라도 더 노력하게 된다. 내가 더 나아갈 힘을 주는 것이다.

2020년 12월 31일 유튜브 구독자가 5만 명을 돌파했다. 그때 사람들이 2021년에 구독자가 얼마나 되기를 바라느냐고 물었다. 나는 아무 고민 없이 답했다. "50만!" 그리고 2021년 12월 31일, 내 유튜브 구독자는 25만 명이었다. 물론 나는 목표 달성에 실패했다. 그러나 전혀 실망하지 않았고 오히려 기뻤다. 내가 '20만'이라고 했다면 목표는 달성했을지라도 열정은 사그라들었을지 모른다. 오히려 '50만'이라고 생각하니 열정이 더 활활 불타올랐다. 하나의 영상이라도 더 올리고 싶고, 더 좋은 영상을 올리고 싶은 마음이 가득했다. 실제 실리콘밸리에 있는 많은 기업들은 목표를 매우 높게 잡고 50% 이상 달성하기 위해 일한다고 한다. 높은 목표는 거의 항상 옳다.

'현실적'이라는 말은 조금 내려놓아도 좋다. 세상에는 분명 '운'

이라는 것이 존재한다. 어느 날 갑자기 유명 연예인이 내 채널을 소개할 수도 있고, 공중파 방송에 섭외되어 나갈 수도 있고, 아니면 올리는 영상마다 빵빵 터져서 한 달 구독자가 10만 명씩 늘어날 수도 있다. 구독자 50만 달성은 분명 쉽지 않은 목표다. 그러나 우연의 방울들은 항상 내 주변에 두둥실 떠다니고 있다. 언제 어떤 방울이 터질지 모른다. 그리고 송곳처럼 그걸 터트리는 것은 결국 나의 열정이다. 목표를 크게 가질수록 열정은 더 뜨거워진다.

목표를 정하는 두 번째 방법은 '구체적으로 명확하게' 쓰는 것이다. 숫자를 쓰거나 마감기한을 정하는 것도 좋다. 1년 목표는 무엇을 정해도 상관없다. 하지만 1년마다 목표를 새롭게 정할수록 점점 더 뚜렷해진다. 나중에는 지난해와 다음 해를 고려한 1년 목표를 세우고, 그것과 연결되는 목표까지 세우게 된다. 그래서 5년 목표를 한 번에 세우는 것보다 1년씩 다섯 번의 목표를 세우는 것이 달성할 확률이 훨씬 높아진다. 내가 지난 5년간 세웠던 1년 목표를 보면 알 수 있다. 먼저 2017년에 세웠던 목표를 보자.

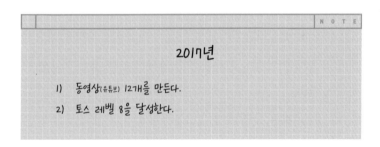

NOTE

2017년

1) 동영상(유튜브) 12개를 만든다.
2) 토스 레벨 8을 달성한다.

당신은 이미 브랜드입니다

3) 내 수업 5개를 연다.(학원)
4) 책 36권을 읽는다.
5) 노래를 배운다.
6) 워홀 강연을 연다.
7) 동영상 편집 기술을 익힌다.
8) 프로필 사진을 찍는다.
9) 블로그를 운영하고 하루 5천을 찍어본다.

시작은 이렇게 단순해도 좋다. 우선 해보는 것이다. 나 역시 그랬고, 그렇게 1년이 지났다. 몇 개의 목표가 달성되었을까? 9개 중 1개밖에 달성하지 못했다. 세 번째 목표였던 '내 수업 5개를 연다'였다.

그렇다고 의미 없는 한 해였을까? 전혀 아니다. 2017년을 돌아보면서 내가 왜 목표를 달성하지 못했는지 알 수 있었다. 목표를 하나하나 뜯어보면 다음과 같다.

2) 토스 레벨 8을 달성한다 - 나는 시험을 위한 영어를 가르치지 않는데 왜 이런 목표로 세웠을까? 나를 소개할 한 줄을 추가하고 싶은 마음과 내 영어 실력을 증명하고 싶은 마음 때문이었다. 그러나 수업을 계속 진행하면서 토스 레벨은 나에게 필요 없는 목

표라는 확신이 커졌고, 그 후로는 영어 점수와 관련된 목표는 세우지 않았다.

5) 노래를 배운다 - 목표 자체를 추상적으로 적은 것을 보니 분명 나는 노래를 잘하고 싶은 마음이 있긴 했지만 무척 강하지는 않았던 듯하다. 단지 성장하는 기분이 드는 취미를 찾고 싶었던 것이다. 그래서 이 목표도 다음 해부터는 세우지 않았다.

6) 워홀 강연을 연다 - 이 목표는 분명 의미가 있었다. 왜냐하면 2018년 실제로 워킹 홀리데이 강연을 열었기 때문이다. 2017년에 세워둔 목표를 계속 염두에 두고 있었기에 한 해가 지났지만 이루어냈다.

9) 블로그를 운영하고 하루 5천을 찍어본다 - 크고 구체적으로 잡았던 이 목표가 가장 의미 있었다. 2017년 하루 방문객 수는 최대 1천가량이었다. 그러나 이때 블로그를 시작하면서 꾸준히 할 수 있는 습관을 들이게 되었고, 블로그는 이후 엄청난 기회를 가져다준 일등공신이 되었다. 하루 방문객 수 5천은 2018년에 2만을 기록하면서 바로 달성되었다.

2017년에는 9개의 목표 중 하나밖에 달성하지 못했지만, 2가지 큰 의미를 발견할 수 있었다. 하나는 내가 정말 무엇을 원하는지를 알 수 있었고, 두 번째는 다음 해에 더 성장할 수 있는 초석을 쌓았

당신은 이미 브랜드입니다

다는 것이다. 목표를 세우고 달성하면서 'what I want(내가 원하는 것)'
와 'what I need(나에게 필요한 것)'를 한 번에 알 수 있었다.

　　1년이 지나 2018년이 되었을 때 나는 새로운 목표를 세웠다.
2018년부터는 대표 문구를 만들었고, 각각의 목표 밑에는 간단한
문구도 남겼다.

NOTE

R = VD　　2018년

1)　한 달 수강생 70명 찍어보기
　　그만큼을 감당할 실력 겸비가 필수
　　조금 더 섬세하고, 세심하게(즉, 프로답게)

2)　4회의 강연하기
　　원빈이는 상상력 디자이너다. 그러면 너는?
　　더 많이 읽고, 더 많은 사람들을 만나야겠지?

3)　유튜브 영상 12개 올리기
　　기본적으로 월말 발표를 계속 올리기

4)　바디 프로필 찍기

5)　TV 출연하기
　　응모할 기회가 생길 때, 한 번 해보란 소리야.
　　ex) 효리네 민박

6) 12월 25일에 통장에 최소 1,500만원 찍기!
저축액을 매달 체크하기!

7) 달력이 없네? 까짓거 내가 만들자!
매달, 그들이 조금은 더 동기부여가 될 수 있게!
또는 위로와 감사를 받을 수 있게!
애플리케이션과 연동? 생각해 보기
디자인도, 컨셉도 나의 기획을 통해!

8) 7이 3개면 없던 복도 생긴다! 777 책 읽기
   - 경제 분야 7권
   - 정치 분야 7권
   - 역사 분야 7권

9) 달변가가 되자!
'달'마다 한 명씩 '변'화를 '가'져다주자
   - I'm born to make a difference.

10) 춤 배워서 공연하기

2018년은 2017년에 비해 목표가 굉장히 구체적으로 바뀌었다. 구체적이지 않으면 이루기 힘들다는 것을 깨달았기 때문이다. 그리고 목표를 왜 이루고 싶은지, 어떻게 이룰 수 있는지를 적었다. 정말로 내가 원하는 것들을 목표로 세우기 시작한 것이다. 그렇다면 10개의 목표 중 몇 개를 달성했을까? 이번에는 4개를 달성했다.

여기서 가장 눈에 띄는 것은 '달변가가 되자'이다. 계속 나의 키워드를 고민한 끝에 나에게 가장 중요한 키워드가 '변화'라는 것을 찾아냈다. 꾸준히 변화하고, 남들에게도 변화할 수 있는 힘을 주는 것이 2018년에 세운 목표였다. 이 목표가 세워지니 나라는 사람의 성장은 급속도로 진행되었다. 핵심 키워드가 명확해지니 그에 따른 목표를 세우기가 쉬워졌던 것이다. 내 유튜브 이름도 '달변가 영쌤'이고, 사람들에게 소개할 때도 '당신에게 변화를 가져다 드리는 달변가 영쌤입니다'라고 말한다.

거듭 말하지만 목표를 세워야 하는 이유가 바로 여기에 있다. 목표를 세우고 달성해 가는 과정에서 '내가 정말 원하는 것(What I really want)'이 무엇인지 알 수 있다. 내가 원하는 것이 무엇인지는 상상만으로, 책을 읽는 것만으로, 남의 이야기를 듣는 것만으로는 알 수 없다. 반드시 해보는 과정에서 찾아낼 수 있다. 그렇게 찾아낸 것이야말로 진정 '내가 원하는 것'이다.

또 하나 재미있는 것은 'TV 출연하기'다. 결론적으로 말하면 TV에 출연하기는 했다. 길을 걷다 우연히 하게 된 KBS 9시 뉴스 인터뷰를 통해 내 얼굴이 TV에 나왔다. 지상파에 출연하기는 한 것이다. 이렇게 황당하고 안 될 것 같은 목표도 세워두면 어떻게든 우연의 방울이 터진다. 그리고 결국 2019년 EBS에 출연하게 되었다.

길을 걷다 우연히 뉴스 인터뷰를 하게 되어 나의 목표 하나가 이루어졌다.

한 번 적어둔 목표는 계속해서 연결되어 결국엔 이루어진다.

꾸준한 목표 세우기 덕분에 내가 무엇을 원하는지 정확히 알 수 있게 되었고, 2년이 지난 2020년에는 다음과 같은 목표를 세웠다.

2020년에 세운 목표들은 한 단어로 귀결되었다. 바로 '독립'이었다. 당시에는 학원에 소속된 프리랜서로 활동하고 있었기에 절반은 회사원 같은 애매한 입장이었다. '이 학원을 빼고도 나라는 사람을 소개할 수 있을까?'라는 질문에 답을 할 수 없었고, '이제는 떠나야 할 때'라는 생각이 들었다. 독립을 생각하니 해야 할 것들이 명확해졌다. 사람들에게 나를 소개할 수 있어야 했고, 나를 찾아오도록 만들어야 했다.

2020년
내 인생의 대표가 되어가는

1) 현재 학원에서 독립
   - 나로서 바로 설 준비를 한다.

2) 두 권의 책 출판
   - 글쓰기는 매일 해내야 할 나의 수행이다.

3) 내 이름을 걸고 강연
   - 나만의 주제로 남들에게 영향력을 전하는 사람이 된다.

4) '엄마영어'의 수업화

5) 소셜미디어(SNS)의 활성화
   - 인스타그램 팔로워 10,000명
   - 유튜브 팔로워 100,000명
   - 블로그 하루 2,000명

6) 내 자체 수업 체계화, 시스템화
   - 명확한 규율, 실질적인 성장

코로나 팬데믹이 시작된 2020년은 정말 모두에게 힘든 해였고, 나에게는 더 거대하게 다가왔다. 그러나 '독립'이라는 명확한 키워드 아래 내가 해야 할 일들을 해내며 '힘듦'이라는 거대한 폭

풍을 넘기자 놀라운 일들이 벌어졌다. 유튜브 팔로워가 급속도로 늘기 시작했고, 6곳의 출판사에서 출판 제의를 받은 것이다. 학원에 있을 때보다 더 많은 수강생들이 나를 찾아왔다. 내가 그토록 바라던 '독립'을 이루어낸 것이다. 명확한 목표가 없었다면 나는 파도에 휩쓸려버렸을 것이다. 나의 목표는 매우 분명했고, 그 목표를 향해 부지런히 노를 저었다. 폭풍이 지나간 뒤에는 내가 원하는 곳에 도착해 있었다.

2021년에도 여러 목표를 세웠다. 그중 '영어 관련 책 두 권 출간하기'와 '자기계발서 한 권 출간하기'가 있었다. 영어책 두 권은 이미 출간했고, 자기계발서는 지금 여러분의 손에 들려 있다. 그것도 내가 정말 함께하고 싶었던 천그루숲에서 출판하게 되었다. 이것은 2018년부터 이어져온 목표였다. 4년이나 걸렸지만 결국 해냈다.

지금까지 내가 1년마다 목표를 세우고 성장한 과정을 살펴봤다. 결론은 하나다. 지금 당장 올해 목표를 세워보자. 그리고 내년에 올해 세웠던 목표를 되돌아보고 새롭게 목표를 세워보자. 이렇게 5년만 지속하면 놀라운 변화가 일어났다고 나에게 이메일을 보내게 될 것이다.

당신은 이미 브랜드입니다

1년 목표를 세웠다면 눈에 보이는 곳에 두자

'안될과학'이라는 유튜브 채널이 있다. 뼛속까지 문과였던 나에게 과학이 이렇게 재미있었나 싶을 정도로 과학적 지식을 아주 쉽게 설명해 준다. 잠자기 전에 한 편만 봐야지 했던 영상을 몇 개나 보느라 잠을 못 잔 적도 있다. 특히 양자역학 부분을 재미있게 봤는데, 그중 궤도라는 과학자는 이런 말을 한다.

"양자역학에서는 보이지 않으면 존재하지 않습니다. 보이고 관찰할 수 있어야 비로소 존재하는 겁니다."

지극히 과학적인 말로 들릴 수 있겠지만 우리 인생에 접목해 보면 삶의 이치와 맞닿아 있다는 생각이 든다. '보이지 않으면 존재하지 않는다'고 했듯이 우리가 열과 성을 다해 쓴 1년 목표도 다를 바 없다. 우리는 새해 목표를 다이어리에 적어둔다. 하지만 그 페이지는 1년에 한 번 펼칠까 말까 한다. 한참을 잊고 지내다 1년이 지나 한 해를 되돌아볼 때 다이어리를 발견하고는 그제야 '내가 이런 목표를 세워놓았나?' 하고 후회한다. 사실상 그 목표는 잊혀진 것이며 존재하지 않는 것이다. 그리고 존재하지 않는 것은 이루어 낼 수도 없다.

목표는 보이는 곳에 두어야 한다. 내가 작업하는 책상, 매일 드나드는 현관문, 컴퓨터 모니터 뒤쪽 벽 어디든 좋다(실제로 나는 이

세 곳에 목표를 붙여둔다). 목표는 보이는 순간 존재하게 되고, 그렇게 되면 달성할 확률이 300% 증가한다. 사실 1,000%라고 해도 무방하다. 존재하지 않으면 달성할 확률이 0%이니까.

이것이 바로 시각화(visualization) 기술이다. 성공한 대다수의 사람들은 이 시각화를 활용해 자신이 예상한 것 이상의 성과를 이루어낸다. 심지어 어떤 사람은 "꿈(dream)은 이루어지지 않는 목표이고, 비전(vision)은 이루어지는 목표이다. 눈에 보이기 때문이다"라고 했다. 시각화가 습관이 된 사람들은 눈만 감아도 자신의 목표를 선명하게 그려낸다. 그러나 우리는 아직 이 정도까지 되지는 못했고, 꼭 이렇게까지 할 필요도 없다. 내가 글로 쓴 목표를 눈에 보이는 곳에 두는 것만으로도 시각화할 수 있다. 이처럼 '본다'는 개념은 1년 목표뿐 아니라 다양한 상황에서 무척 중요하다. 앞으로 이 책에서는 이 개념이 계속 나올 것이다.

이렇게 벽돌 쌓기 법칙의 첫 번째 법칙인 '성 그리기'를 해냈다. 이제 다음 단계인 '설계하기'를 알아보자.

당신은 이미 브랜드입니다

내가 원하는 것이 무엇인지는
상상만으로,
책을 읽는 것만으로,
남의 이야기를 듣는 것만으로는
알 수 없다.
반드시 해보는 과정에서
찾아낼 수 있다.
그렇게 찾아낸 것이야말로 진정
'내가 원하는 것'이다.

벽돌 쌓기 제2법칙 -
일주일 목표 세우기(설계하기)

작은 성취들을 모으면 결국 성공이 된다

예전에 출근하면서 지나가던 주짓수 학원에 이런 문구가 적혀 있었다.

'상상만으로는 부족하다. 행동해야 한다.'

그 학원을 다니지는 않았지만 그 문구는 내게 매일 동기부여를 주었다. 1년 목표는 상상의 영역에 가깝다. 상당히 큰 목표들이 적혀 있으며, 이루어지지 않을 가능성도 많고, 계속 보면서 새기지 않으면 사라질 수도 있다. 그래서 행동으로 옮겨야 한다. 이 행동의 시작이 바로 벽돌 쌓기의 두 번째 법칙인 '설계하기', 즉 일주일 목표 세우기다. 그런 점에서 일주일 목표 세우기는 1년 목표 세우기 또는 그 이상으로 중요하다. 나의 목표를 얼마나 달성할지는 모두 '일주일 목표 세우기'에 달려 있기 때문이다.

일주일 목표 세우기의 핵심은 '쪼개기'다. 어릴 적 어머니가 커다란 돈가스를 먹기 좋게 잘라주었던 것을 생각하면 된다. 손바닥보다 큰 돈가스이지만 잘게 자르면 세 살짜리 아이들도 작은 입으로 먹을 수 있다. 마찬가지로 1년 목표가 아무리 크다 하더라도 일주일씩 쪼개면 얼마든지 달성할 수 있다.

"저는 대단한 사람이 아닙니다"라고 자신의 성공을 대수롭지 않게 말하는 사람들이 많다. 일부러 겸손하게 말하는 것처럼 보이지만 실제로 그렇게 생각하기 때문이다. 그들은 그저 하루하루 벽돌을 쌓았을 뿐이다. 누군가는 벽돌을 보고도 아무것도 하지 않을 때 누군가는 눈앞에 있는 벽돌을 쌓아 올렸다. 매일매일 조금씩 벽돌을 쌓는 일은 그리 어렵지 않다. 하지만 하루하루 쌓은 벽돌은 어느새 성당이 되고, 학교가 되고, 병원이 된다. 그 놀라운 성과를 보고 사람들이 어떻게 해냈냐고 물어보면 딱히 해줄 말이 없다. 그들은 그저 벽돌을 하나씩 쌓았을 뿐이다.

세상에 이루지 못할 목표는 없다. 단지 하루 만에 이루어지지 않을 뿐이다. 일주일 목표 세우기는 내가 할 수 있는 일들이 무엇인지 구체적으로 말해준다. 이제 1년의 목표를 어떻게 일주일 단위로 쪼개는지 알아보자.

친구가 "유튜브 구독자 10만을 넘기고 싶어" 라고 한다면?

"우리가 어떤 민족입니까?"라고 물어보면 많은 사람들은 "배달의 민족"이라고 답할 것이다. 하지만 나는 "훈수의 민족"이라고 말한다. 남들에게 이야기할 때 우리는 나름 전문가가 된다. 우리는 남을 도와주고 싶어 안달이 난 사람들이다. 친구가 "유튜브 구독자 10만을 넘기고 싶은데 어떻게 해야 할까?"라고 물으면 여러분들 마음속에 피어오르는 말들이 많을 것이다. 대충 이런 것들이다.

- 우선 유튜브 이름부터 잘 지어보는 게 어때?
- 영상 딱 5개만 촬영해서 올려보자.
- 잘나가는 유튜브를 보고 자막은 어떻게 쓰는지, 편집은 어떻게 하는지 살펴보자.
- 영상 편집 기술을 조금씩 배우는 게 좋겠다.

이것 말고도 여러분 마음속에 뭉게뭉게 피어오르는 생각들이 있을 것이다. 그것들을 재빨리 노트에 적자. 이것이 바로 우리의 일주일 목표가 될 테니까. 이 책을 읽는 누군가는 분명 유튜브 구독자 1만, 10만이 목표일 것이다. 처음에 그 목표는 상상의 영역이

당신은 이미 브랜드입니다

다. 상상은 물론 중요하다. 그러나 상상만큼 중요한 것이 바로 행동이다. 위의 훈수들이 바로 내가 해야 할 일주일의 목표, 즉 행동의 영역인 것이다.

1년 목표	일주일 목표
상상의 영역	행동의 영역
유튜브 구독자 10만 달성	1) 유튜브 영상 1개 올리기 2) 영상 편집 기술 배우기 3) 참고할 유튜브 채널 보고 따라 해보기 4) 유튜브 채널 이름과 프로필 사진 고르기

상상의 영역인 1년 목표를 세우면 행동의 영역인 일주일 목표가 분명해진다. 다른 목표들을 예로 들어보자.

1년 목표	일주일 목표
상상의 영역	행동의 영역
책 한 권 출간	1) 매일 30분씩 글쓰기 2) 글쓰기 교육 듣기 3) 독서 모임 가지기 4) 실패할지라도 투고해 보기 5) 브런치 작가 신청하기

1년 목표	일주일 목표
상상의 영역	행동의 영역
12월 25일 통장에 1,500만 원 찍기	1) 적금 들기 2) 작년 한 해의 가계부 점검해 보기 3) 재테크 유튜브 보기 4) 현재 소비습관 확인해 보기 5) 투자 공부하기

나는 이 책을 포함해 세 권의 책을 출간했다. 놀랍게도 이것은 2021년 목표에 적혀 있었다. 두 권은 영어 관련 책이고, 나머지 한 권이 바로 이 책이다. 나의 상상이 다 이루어진 것이다. 이 상상을 이루기 위해서는 행동의 영역, 즉 일주일 목표가 분명해야 한다. 내가 이 책을 쓰기 시작했을 때의 일주일 목표는 다음과 같다.

NOTE

4) 작가가 된다.
영어 관련 2권의 책
자기계발 관련 1권의 책

5) 브랜드가 된다.
유튜브 채널 50만 구독자
네이버 블로그 Today 2,000

〈일주일 목표〉
1) 유튜브 2편 이상 촬영하기
2) 유튜브 2개 올리기
3) 브런치 작가 신청하기
4) 책 4일 1시간씩 쓰기
5) 헬스장 4일 이상 가기
6) 블로그 1개 쓰기
7) 인스타그램 1개 포스팅하기
8) 혼술 금지

나는 하루에 딱 1시간씩만 원고를 썼다. 그 이상은 집중하기도 너무 어렵고, 다른 해야 할 일도 많았기 때문이다. 그러나 조급해하지 않았다. 내게는 1년이라는 시간이 있었고, 그 안에 하지 못하면 내년에 하면 되었다. 그러나 언제가 되었든 상상을 현실로 만들기 위해서는 일주일 목표를 이루어 내야 한다는 것을 알았기에 하루 1시간씩 쓴 원고가 지금 여러분이 읽고 있는 이 책이다.

이 책을 쓰기 시작했을 때 내 유튜브 구독자는 이미 20만을 넘었다. 그러나 2020년 초까지는 구독자 1만을 넘지 못했다. 2020년의 목표는 유튜브 구독자 10만이었다. 그런데 막상 2020년이 시작되고, 몇 편의 영상을 올렸을 때는 그 목표가 너무나 멀게 느껴졌다. 하루 방문객 수는 많아 봐야 100명이었다. 거의 20시간을 공들여 만든 10분짜리 영상이 조회 수가 100도 안 나오는 것을 보면 힘이 빠질 때가 많았다. 하지만 그럼에도 나는 일주일 목표에 집중했다. 그러자 놀라운 일이 생겼다.

다음의 그래프는 내 유튜브 조회 수의 변화이다. 2020년 3월부

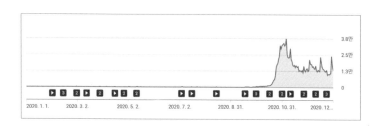

터 매달 최소 1개 이상의 영상을 올렸다. 중간에 비어 있는 부분은 25분짜리 긴 영상들을 올렸을 때였다. 갑자기 밀어닥친 코로나 시국에 프리랜서로서 할 일이 너무 많았던 시기였지만 핑계를 대지 않고 꾸준히 영상을 올렸다. 그러자 10월 20일을 기점으로 갑자기 조회 수가 폭발적으로 오르더니 2020년 12월 31일 구독자 5만을 달성했다. 상상이 현실이 된 것이다.

1년짜리 큰 목표를 세웠다면 일주일씩 작은 목표들을 구체적으로 세우고 달성해 보자. 모든 것은 쪼개고 보면 그렇게 힘든 일이 아니다. 누구나 할 수 있다. 이 책을 읽는 당신도 말이다. 이제 '설계하기'는 끝났다. 본격적으로 '벽돌을 쌓을 시간'이다.

당신은 이미 브랜드입니다

벽돌 쌓기 제3법칙 -
하루 목표 세우기(벽돌 쌓기)

일주일 목표를 위한 하루 목표 세우기

일주일 목표가 명확하면 하루 계획을 세우기가 수월해진다. 보통은 다음과 같은 것들이 일주일 계획이다.

1) 헬스장 5회 가기

2) 야식은 딱 하루만 먹기

3) 책 한 권 읽기

4) 유튜브 한 편 업로드하기

5) 보험 청구하기

6) 어머니께 선물하기

이런 목표들을 일단 다이어리 한쪽 하단에 적는다(나는 보통 오른쪽 하단에 적는다). 그리고 이것을 하루의 계획으로 쪼개면 된다.

여기서 첫 번째와 두 번째 목표는 굉장히 쪼개기 쉽다. 매일 일정 수준씩 지켜내면 된다. '헬스장 5회 가기'는 일주일 동안 약속이 없는 날에 집어넣으면 된다. 그리고 야식 먹는 날도 하루 정해 '야식을 먹게 하노라!'고 적으면 된다.

이제 세 번째와 네 번째 목표를 쪼개보자. '책 한 권 읽기'는 '헬스장 5회 가기'보다 훨씬 어렵게 다가올 수 있다. 읽고 싶은 책을 골라야 하고, 하루에 얼마나 읽을지도 고민해야 한다. 하지만 '책 한 권 읽기'는 '헬스장 5회 가기'보다 조금 어려운 목표일 뿐 나누기가 어렵지는 않다. '하루에 50페이지씩 책 읽기'를 5일만 하면 웬만한 책 한 권을 읽을 수 있기 때문이다. 여기서 정말 어려운 것은 '유튜브 한 편 업로드하기'다. 앞의 목표들과는 차원이 다르게 느껴진다. '완료' 버튼을 눌러야 달성하는 느낌이다. 비슷한 것으로 블로그 쓰기, 인스타그램 3개 포스팅하기, 제품 홍보하기, 비행기표 예약하기 등이 있다.

일주일에 '유튜브 한 편 업로드하기'를 쪼개보자. 나뭇가지 10개가 하나로 묶여 있으면 한 번에 꺾기 어렵다. 하지만 하나씩 뽑아서 꺾으면 10개를 쉽게 꺾을 수 있다. 유튜브 영상을 올리고 싶다면 다음의 과정으로 쪼갤 수 있다.

일주일 목표	하루 목표
유튜브 한 편 업로드하기	1) 대본 쓰기 2) 영상 촬영하기 3) 영상 편집하기 4) 섬네일 만들기 5) 업로드하기

　왼쪽의 '유튜브 한 편 업로드하기'만 보면 숨이 턱 막히다가도, 오른쪽 5개의 순서를 보면 하루에 하나씩 처리할 수 있을 것 같다.

　일주일 목표는 실현 가능한 수준으로 세워야 한다. 그것이 1년 목표 세우기와 다른 점이다. 일주일은 내가 실제로 행동하는 것이기 때문에 내가 할 수 있는 선에서 목표를 세워야 한다. 이제 우리는 본격적으로 벽돌을 쌓을 준비가 되었다.

일주일 목표와 하루 목표도
계속 세워봐야 더 익숙해진다

　어느 날 후배가 하루 계획을 엄청나게 세웠는데 거의 지키지 못한 자신을 보면서 자괴감이 들었다고 했다. 그러면서 나에게 "계획을 못 지키면 스트레스를 받지 않냐"고 물었다. 나는 "전혀 스트레스를 받지 않는다"고 답했다. 그리고 "그것이 바로 다이어리를 써야 하는 이유"라고 덧붙였다.

다이어리를 쓰면서 우리는 나 자신을 더 잘 알게 된다. 내가 어느 정도의 에너지를 가지고 있고, 어느 정도의 일 처리를 해낼 수 있고, 어떤 시간에 집중도가 높아지고, 하지 말아야 할 것은 무엇인지 등은 반드시 기록을 해봐야 알 수 있는 것들이다. 우리는 자신을 너무 모른다. 회사에서 일하는 게 마음 편한 이유는 나 자신을 잘 모르더라도 시키는 것만 잘하면 인정받을 수 있기 때문이다. 하지만 회사에서 시키는 일에만 익숙해지다 보면 회사라는 배경이 사라졌을 때 내가 설 곳이 없어진다. 따라서 내가 누군지 알기 위해서라도 우리는 반드시 다이어리를 써야 한다.

이제 막 일주일 계획을 다이어리에 적어본 사람이라면 계획을 지키기가 너무 어렵다는 것을 느낄 것이다. 너무 당연한 과정이다. 그런 일주일을 보내야 다음 일주일을 더 잘 보낼 수 있다. 그렇게 1년만 지나면 다음 일주일이 더 선명하게 그려진다. 어느 순간 하루하루 달성하는 것들이 많아지고, 일주일 계획을 세우기가 훨씬 더 쉬워질 것이다. 이처럼 일주일 계획 세우기도 근육이 필요하다. 다행스럽게도 가슴에 선명한 복근을 만드는 것보다 훨씬 쉽다.

지금까지 우리는 벽돌 쌓기의 3가지 법칙을 함께 살펴봤다. 유튜브 10만 구독자 달성을 예로 들어보면 다음과 같다.

유튜브 10만 구독자 달성	한 달에 유튜브 4편 일주일에 1편 올리기	대본 쓰기, 영상 촬영하기, 편집하기
1년 계획(목표)	일주일 계획(목표)	하루 목표

여기에 자기가 원하는 커다란 꿈이 있다면 그 문장으로 바꿔서 채워 넣으면 된다. 성 그리기, 설계하기 그리고 벽돌 쌓기. 벽돌을 잘 쌓은 하루하루가 모이면 엄청나게 거대한 성이 된다. 나는 이 책을 읽고 자신만의 성을 쌓을 당신의 모습이 벌써부터 기대된다. 나도 이렇게 해냈다. 이제는 당신이 벽돌을 쌓을 차례다. 당신이 꿈꾸는 모든 목표가 이루어질 것이다.

벽돌 쌓기를 위한
다이어리 쓰기

나만의 개인 비서 '다이어리'

성공한 사업가들은 어김없이 비서를 둔다. 그런데 조금 의아하다. 얼마나 바쁘다고 많은 비용을 들여가면서까지 비서를 두는 것일까? 바로 '리마인드' 때문이다. 그들은 끊임없이 일정과 해야 할 일들을 말해준다. 성공한 사업가들은 리마인드의 가치를 잘 알고 있기에 아낌없이 큰 비용을 지불하는 것이다.

아쉽게도 우리에게는 비서를 쓸 돈도 없고, 더욱이 비서를 둘 만큼 할 일이 많지도 않다. 하지만 가장 저렴한 가격으로 비서의 역할을 해주는 것이 있다. 바로 '다이어리'다. 다이어리는 나의 하루, 일주일, 한 달, 1년 내내 리마인드를 해준다.

당신은 이미 브랜드입니다

《타이탄의 도구들》(팀 페리스)을 보면 성공한 많은 기업가들이 아침에 다이어리를 쓰고 해야 할 일을 체크한 후 그날 하루를 시작한다고 한다. 그리고 하루를 다 보내고 나면 다시 다이어리를 펴서 그날을 돌아본다. 성공한 사람들은 이처럼 하루를 시작할 때와 하루를 마무리할 때 그날의 기록을 보는 것이 얼마나 중요한지 잘 알고 있다.

나 역시 가진 게 아무것도 없을 때 유일하게 그들을 따라 할 수 있었던 것이 '다이어리 쓰기'였다. 5만 원도 안 되는 가격에 좋은 다이어리를 살 수 있고, 펜은 3천 원이면 된다. 목표를 적는 데는 길어야 10분도 걸리지 않고, 목표 달성을 체크하는 데는 1분도 걸리지 않는다. 본격적으로 다이어리를 쓰기 시작한 2017년부터 지금까지 나는 매일 글을 쓰고, 목표를 세우고, 달성해 왔다. 그리고 지금은 너무나 당연한 일상이 되었다. 이를 위해 박사학위가 필요한 것도 아니고, 고등교육을 받아야 하는 것도 아니며, 부자여야 할 필요도 없고, 시간이 오래 걸리지도 않는다.

다이어리 쓰기의 효과

'다이어리 쓰기'는 지금 당장 할 수 있는 가장 쉽고 확실한 성공

습관이다. 다이어리는 우리에게 2가지 효과를 가져다준다.

① 길을 잃지 않게 해준다.
② 나라는 사람이 기록된다.

우리는 망각의 동물이다. 아무리 명확한 목표를 세워도 기록하지 않으면 금방 잊어버린다. 목적지를 정하고 기차를 탔는데, 기차를 탄 순간 목적지를 잊어버렸다고 생각해 보자. 결국 내가 원하는 곳에 가지 못한다. 이때 다이어리는 망각이 우리를 덮치지 않도록 보호해 준다. '기록은 기억을 지배한다.' 기록의 중요성을 이보다 더 잘 표현한 말은 없을 것이다.

나라는 사람이 기록되는 것도 중요하다. 다이어리를 통해 목표를 달성해 나가면서 자신을 좀 더 분명히 파악할 수 있다. 내가 언제 일의 집중도가 높아지고, 어느 정도의 일을 처리할 수 있고, 언제 쉬는 게 좋고, 언제 무엇을 하면 좋은지 등을 계속 기록해 나가다 보면 결국 나 자신을 발견하게 된다. 이것은 시간이 갈수록 더 큰 힘으로 다가온다. 나를 정확히 알면 원하는 목표를 세우고 이루어 내는 것도 쉬워지기 때문이다. 그렇게 해서 놀라운 일들이 따라오는 것이다.

다이어리를 2월까지만 쓰는 이유

다이어리를 쓰다 보면 그냥 지나치는 날이 생기게 마련이다. 다이어리를 써본 사람들은 누구나 경험해 보았을 것이다. 이렇게 한 번 지나치는 날이 생기면 이후부터는 그해가 끝날 때까지 다이어리를 쓰지 않을 확률이 높아진다. 보통 1월에 다이어리를 쓰기 시작했다면 빠르면 2월, 늦으면 3월쯤 이런 상황이 온다. 결국 다이어리는 90% 이상이 쓰이지도 않은 채 책장에 꽂혀 있다. 지금 책장을 흘깃 바라봤다면 당신도 그중 하나일 것이다.

딱 한 주만 다이어리 쓰기를 미뤄도 이렇게 되기 쉽다. 물론 다이어리 쓰기가 이미 습관으로 자리 잡힌 사람들은 몇 주를 쉬더라도 다시 다이어리를 펼쳐서 쓸 수 있다. 하지만 아직 습관이 되지 않은 사람들에게 일주일은 굉장히 긴 시간이다. 7일의 공백이 나머지 300일 이상의 공백을 만들어 버린다.

문제는 7일 동안 다이어리를 쓰지 않고 지나치기가 너무도 쉽다는 것이다. 그러나 다행히 아주 간단한 해결책이 있다. 일주일 중 아무 때나 다이어리를 펼쳐 '휴식'이라는 두 글자만 적으면 된다. 그리고 다이어리를 그냥 덮어버린다. 일주일 뒤에 다이어리를 펴면 나는 목표를 달성하는 것이다. 다이어리 쓰기를 쉬었으니 말이다. 이 간단한 해결책에는 2가지 장점이 있다.

① 죄책감을 덜어낸다.
② 내게 자유를 포상하는 기분을 준다.

　'휴식'이라는 단어는 다이어리 쓰는 것에 대한 부정적인 느낌 (내가 중간에 포기했다는 마음)을 긍정적인 느낌(내 의도로 쉬었다는 마음) 으로 바꿔준다. 긍정적인 느낌은 어떤 일을 오래 하는 데 있어 무척 중요하다. 다이어리를 오래 꾸준히 쓰고 싶다면 긍정적인 기분을 계속 느낄 수 있어야 한다.

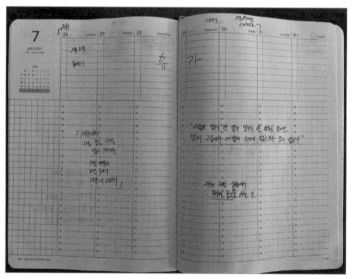

| 다이어리를 쓰기 귀찮을 때는 '휴가'라고 쓰고 쉰다.

당신은 이미 브랜드입니다

나도 1년에 많으면 10번까지 '휴식'이라 적고 다이어리 쓰기를 잠시 쉰다. 더욱이 휴가 기간에는 '휴가'라 적고 아예 다이어리를 쳐다보지도 않는다. 그러면 다이어리를 쓰지 않아도 마음속에 죄책감이 들지 않는다. 오히려 더 열정적으로 휴식과 휴가를 즐길 수 있다. 휴식과 휴가도 내가 정해 놓은 것이기 때문이다.

다이어리를 쓰다 중간에 잠깐 안 쓰는 것까지는 괜찮다. 우리는 어차피 완벽할 수 없고, 기계처럼 반복적으로 목표를 세우고 지키기도 어렵다. 이번 주는 목표를 세우고 싶지 않은 기분이 든다면 '휴식'이라 적고 다이어리를 덮어두면 된다. 괜찮다. 근육도 운동할 때가 아니라 휴식을 취할 때 늘어난다. 휴식은 다시 목표를 세우고 이루어 나갈 수 있는 힘을 줄 것이다. 이렇게 하면 그동안 2월까지만 썼던 다이어리를 12월까지 꽉 채울 수 있다.

PART 2

변화를 만드는
3가지 도구

당신은 이미 천국도 살았다

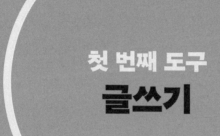

첫 번째 도구
글쓰기

글쓰기가 왜 그렇게
중요할까?

수원 화성이 유네스코에 등재될 수 있었던 이유

1997년 우리의 자랑스러운 건축물 '수원 화성'이 유네스코 세계문화유산에 등재되었다. 문화적 가치를 보면 너무나 당연한 일이었지만, 유네스코는 수원 화성의 세계문화유산 등재를 거부했었다. 현대에 들어 새로 복원한 건축물은 세계문화유산에 등재될 수 없다는 것이 그 이유였다. 원래의 수원 화성은 한국전쟁 당시 크게 파손되었고, 현재 우리가 보는 모습은 1970년대에 새로 복원한 것이다.

그런데 유네스코는 마침내 수원 화성을 세계문화유산으로 인정했다. 유네스코가 갑자기 마음을 바꾼 이유는 무엇일까? 여기서

당신은 이미 브랜드입니다

큰 역할을 한 것이 바로 《화성성역의궤華城城役儀軌》이다. 여기에는 수원 화성을 건축할 때의 기록과 설계도가 그대로 들어 있다. 현대에 들어 다시 복원한 건축물이라 할지라도 1500년대에 만들어진 설계도를 따라 복원한 것이기에 문화적 가치가 그대로 남아 있다고 본 것이다. 선조들이 남긴 기록 덕분에 전 세계인들이 수원 화성의 우수성과 아름다움을 알 수 있게 되었다. 이것이 바로 '기록의 힘'이다.

오늘부터 나를 기록하자

《그냥 하지 말라》의 저자 송길영 교수는 기록에 대해 이렇게 말한다.

"이제는 스스로의 흔적을 남기고 성장의 기록을 채록하는 것이 곧 나의 프로파일이 될 것입니다. 그러니 여러분은 무엇을 해야 할까요? 첫째, 직접 하셔야 하고요. 둘째, 기록으로 남겨야 합니다."

이 말에 전적으로 공감한다. 지금 내가 책을 출간할 기회를 얻게 된 것도 그동안 써온 수많은 기록들이 있었기에 가능했다. 내게 출판을 제안했던 팀장님은 미팅 자리에서 이렇게 말했다.

"영쌤 블로그를 쭉 봤는데, 책으로 출간하면 좋겠다는 생각이 들었어요. 그래서 이렇게 출판을 제안드립니다."

팀장님은 내게 따로 포트폴리오나 원고 기획안을 요청하지 않고, 블로그 글만 보고 출간을 제안한 것이다. 이처럼 이제 사람들은 이력서를 요청하지 않는다. 나의 블로그, 인스타그램, 유튜브를 본다. 오히려 이력서보다 SNS가 나라는 사람을 더 명확하게 보여준다. "저는 참 성실한 사람입니다"라고 말하는 것보다 매일 블로그에 글을 남기는 모습을 보여주는 것이 더 설득력을 얻는 시대이다. 그렇기에 우리가 해야 할 일은 아주 명확하다. 오늘부터라도 나라는 사람을 기록하는 것이다.

나는 충분히 소중하기에 기록해야 한다

기록이 중요한 가장 큰 이유는 나 자신이 누구보다 소중한 사람이기 때문이다. 신기루처럼 사라지기에는 우리가 너무 소중한 존재이고, 우리의 오늘 하루 역시 매우 가치가 있다. 앞에서도 말했지만 기록은 기억을 지배한다. 단 한 글자라도 써놓으면 절대 사라지지 않는다. '기록하지 않는다'는 것은 나라는 사람을 하루하

당신은 이미 브랜드입니다

루 지우개로 지우는 것과 같다. 그렇게 생각하면 너무 슬프지 않은가?

가끔 슬럼프가 찾아올 때면 나는 그동안 써놓은 블로그 글들을 본다. 블로그에는 2014년부터 내가 살아온 나날들이 글과 사진으로 남아 있다. 가끔은 이때의 내가 낯설 정도로 기억이 나지 않을 때도 있다. 그러나 글은 꿋꿋하게 그곳에 남아 있고, 그때의 나를 추억하며 다시 앞으로 나아갈 힘을 얻는다.

이처럼 '기록하기'란 거창한 것이 아니다. 그저 내 생각, 내 일상, 내 하루를 적기만 하면 된다. 사진도 좋지만 글은 더 좋다. 지금은 '1인 1자서전'의 시대다. 예전에는 유명한 사람들만 자서전을 썼다. 세상을 바꿀 만큼 중요한 역할을 한 사람들 말이다. 하지만 이제는 우리 모두 중요한 역할을 하고 있고, 세상을 좀 더 나은 방향으로 바꿀 수 있다. 게다가 이제는 꾸준히 기록하기만 해도 자서전이 완성된다. 그리고 이 기록은 뒤에서 이야기할 퍼스널 브랜딩에 결정적인 역할을 한다.

이외에도 기록이 중요한 이유를 쓰라고 하면 A4 용지 10장을 한가득 채울 수도 있다. 하지만 가장 본질적인 이유는 '나'이다. 나는 소중한 사람이기에 기록해야 한다. 그러니 지금부터 기록을 시작하면 좋겠다.

뭘 해야 할지 몰라
글을 썼다

내 인생의 첫 연재글

캐나다로 워킹 홀리데이(이하 '워홀')를 떠날 때 최소한의 돈만 가지고 갔기 때문에 한 푼이라도 아낄 수밖에 없었다. 그때 정보를 얻던 인터넷 카페에서 워홀 기자를 하면 휴대폰 요금을 지원해 준다는 글을 보았다. 나는 바로 밴쿠버 지역의 기자를 신청하고, 글을 하나씩 올렸다. 내 인생 최초의 연재글이 시작된 것이다. 이력서를 돌렸을 때, 면접을 봤을 때, 영어학원을 다닐 때, 이사를 갔을 때 등 워홀의 경험들을 글로 써서 올렸다. 그런데 별 생각 없이 올린 글들이 많은 사람들의 관심을 받았고, 사람들이 내게 쪽지를 보내기 시작했다.

당신은 이미 브랜드입니다

"면접 준비는 어떻게 해야 할까요?"

"이사할 때 필요한 게 뭐가 있을까요?"

"영어 공부는 어떻게 하셨나요?"

나는 글을 통해 사람들과 연결되었고, 그들에게 도움을 줄 수 있었다. 이 글들은 아직도 내 블로그에 남아 있다. 처음 워홀에 관한 글을 올릴 때만 해도 나는 존재감이 전혀 없는 사람이었다. 유명하지도 않았고, 유튜브나 인스타그램도 하지 않았으며, 글솜씨가 대단한 것도 아니었다. 나는 단지 휴대폰 요금을 지원받고 싶었고, 캐나다에서 생활하다 보니 심심하기도 했다. 그런 내가 글을 쓰는 것만으로 전혀 모르는 사람들과 소통할 수 있게 되었다. 고작 블로그에 올린 몇 개의 글이 고속도로처럼 사람들과 연결해 준 것이다. 글쓰기에 재미를 붙인 건 이때부터였다.

캐나다 워홀 30개의 글		목록닫기
글 제목	조회수	작성일
캐나다 Canada Part 20. 새해라는 건 절반이 지났다는 것. 6개월 차의 면접 TIP	407	2017. 4. 16.
캐나다 Canada Part 19. 너 영어 못하는 거 알고 있었어 Young. 영어를 못해도 괜찮다. (4)	617	2017. 4. 13.
캐나다 Canada Part 18. 한국인이 많은 밴쿠버에서영어공부를? 영어 잘하기 위해선 (2)	650	2017. 4. 12.
캐나다 Canada Part 17. 그래서 투잡은 어때? Young 치폴레에 푹 빠지다. (3)	752	2017. 4. 10.
캐나다 Canada Part 16. Young은 투잡을 구하려고 하고 있다. 세컨잡 면접 후기와 면접 팁!	679	2017. 4. 7.
글관리 열기		5줄 보기 ∨
	1 2 **3** 4 5 6	

캐나다에서 워킹 홀리데이를 하며 올린 연재글

너무 불안해서 계속 썼던 글

캐나다에서 한국으로 돌아왔을 때 내 주머니에 남은 돈은 50만 원이 전부였다. 2주일 정도 친구들을 만나다 보면 순식간에 사라져 버릴 돈이었다. 영어 강사가 되어야겠다고 결심하며 돌아왔기에 바로 강사 생활을 시작했다. 학원에 들어가기만 하면 잘될 줄 알았는데 어림도 없었다. 첫 급여는 30만 원 정도였고, 첫 수업에 3명의 학생이 신청했을 때는 감자에 목이 막혀 숨이 쉬어지지 않는 기분이었다. 힘들 거라고 예상했지만 현실은 그보다 더 잔혹했다. 대기업에 입사한 대학교 후배가 월급이 700만 원이라고 했을 때 겉으로는 웃으며 축하했다. 하지만 그 금액의 10분의 1밖에 없었던 나는 진심으로 축하할 수 없었다. 그렇게 불안감이 내 온몸을 휘감는 나날을 보내던 때가 2017년이었다.

블로그에 다시 글을 쓰기 시작한 것도 이때부터였다. 내가 맨 처음 썼던 글의 제목은 '내가 가장 두려웠던 순간'이었다. 당시 나는 글의 소재로 다음 3가지를 많이 썼다.

1) 내가 느꼈던 감정
   – 그날 느낀 불안, 행복, 슬픔 등의 이유와 내 생각
2) 내가 겪었던 경험

– 강사 생활을 하며 겪은 것, 학생과의 대화, 짜증 났던 일, 좋았던 일

3) 내가 공부해서 얻은 배움

– 책, 강의, 강연을 보고 배운 것과 그것을 활용한 나만의 지식

불안감이 느껴졌을 때, 행복했을 때, 슬펐을 때 등 당시 감정과 기분에 대해 적었다. 강의를 잘했을 때, 강의가 잘 안 됐을 때, 강의하며 부족함을 느낀 경험들도 놓치지 않고 솔직하게 적었다. 그리고 당시 읽은 책과 강의에서 떠오른 감상과 생각들도 아낌없이 적었다.

내가 다시 글을 쓰게 된 것은 불안감 때문이었다. 당시에는 글쓰기가 내게 엄청난 기회와 경제적 이익을 가져다줄 거라고는 전혀 생각지 못했다. 글을 쓰는 게 엄청난 선물이 될 줄도 몰랐다. 글을 쓰는 데는 돈이 들지 않았고, 그날의 감정과 경험을 적으면서

영쌤의 인문학 65개의 글		목록닫기
글 제목	조회수	작성일
골든마이크 시즌 6를 다녀와서 느낀 것들: 평범한 사람들의 평범치 않은 얘기들 (2)	299	2017. 3. 19.
공부를 해야 하는 이유. (완공을 읽고 나서)	258	2017. 3. 16.
잘해야 한다는 것	93	2017. 3. 11.
5년전의 나 (1)	143	2017. 3. 5.
내가 가장 두려웠던 순간 (2)	166	2017. 2. 20.
글관리 열기		5줄 보기 ∨

블로그에 처음 연재한 '내가 가장 두려웠던 순간'

조금이나마 위로를 얻을 수 있었기에 글을 계속 썼다. 또 배운 것을 적어두지 않으면 잊어버릴 것 같은 두려움과 아쉬움에 기록해둔 것이다. 하루는 학생이 수업시간에 이렇게 말했다.

"블로그 글 봤어요. 쌤 정말 멋있어요. 쌤에게 배울 수 있어서 너무 좋아요."

우연히 검색을 하다 내 블로그를 발견했고, 글을 몇 편 읽은 후 바로 수업을 신청했다는 것이다. 수업이 끝나고 내 블로그를 열어보았다. 어느새 내 블로그에는 제법 많은 글들이 쌓여 있었고, 내가 걸어온 발자취가 고스란히 남아 있었다. 나도 모르는 사이에 브랜드가 가져야 할 가장 중요한 가치인 '스토리'를 남겼던 것이다. 그리고 이 스토리는 지금 내가 가진 가장 강력한 무기가 되었다.

뭘 해야 할지 몰라 불안감에 썼던 글들이 천금의 가치로 돌아온 것이다. 그래서 난 오늘도 '뭐부터 해야 할지 모르겠다'고 고민하는 사람들에게 이렇게 말한다.

"글부터 써보면 어떨까요?"

당신은 이미 브랜드입니다

쓴다는 것의 의미

사람들은 무엇에 열광하는가?

사람들이 열광하는 '스토리'에는 어떤 비밀이 숨어 있을까? 미국의 신화학자 조지프 캠벨(Joseph Campbell)은 스토리의 비밀을 알기 위해 수많은 설화와 신화를 조사하기 시작했다. 그리고 놀라운 사실을 발견했다. 모든 이야기는 약간의 변주만 있을 뿐 큰 틀은 모두 같다는 것이다. 그 시작은 바로 '평범함'이다.

평범한 세계에 있던 사람이 특별한 세계로 가면서 다양한 사건을 겪고, 다시 평범한 세계로 돌아오는 것으로 대부분의 이야기는 끝이 난다. 《귀멸의 칼날》(고토게 코요하루)이라는 만화 역시 똑같은 이야기가 반복적으로 전개된다. 평범하게 살던 주인공이 귀신을 만나 가족을 잃고 '귀살대'라는 특별한 세계로 들어가 위기와 성장을 반복하다 결국 귀신을 물리치고 평범한 세계로 돌아온다.

물론 이 주인공은 타고난 잠재력과 재능이 있다. 그러나 그 이상의 노력을 하고 시련을 겪는다. 죽을 뻔한 경험도 여러 번 겪는다. 그리고 힘겹게 귀신을 물리쳤을 때 사람들은 같이 감동하고 환호한다. 그런데 주인공이 시작부터 강력한 힘을 가져서 바로 귀신을 다 물리치고 다녔다면 사람들은 이만큼 환호했을까? 내 대답은 '글쎄'이다.

내가 집안도 굉장히 좋고, 재능도 무척이나 뛰어나 수많은 성취를 이루어 냈다고 하자. 그리고 사람들에게 "여러분 저도 이렇게 성공했습니다!"라고 말한다면 그들은 내 이야기에 감동을 받고, 내 팬이 되어줄까?

나는 영어를 가르치고 있지만 영어 강사로는 핸디캡이 있다. 원어민 출신도 아니고, 영어를 전공하지 않았다는 것이 항상 내 발목을 잡았다. '사람들이 내 발음을 비웃고, 영어도 잘 못하는 사람이 가르친다고 하면 어쩌지'라는 불안감에 오랫동안 휩싸여 있었다. 하지만 오히려 사람들은 내게 더 환호했다. '저렇게 평범한 사람도 결국 해내는구나'라며, 나의 핸디캡을 장점으로 봐준 것이다. 그래서 지금 나는 원어민 출신도, 영어영문학과 출신도 아니기 때문에 여러분들을 더 잘 이해할 수 있다고 떳떳하게 말하며 강의를

당신은 이미 브랜드입니다

한다. 나의 평범함이 오히려 사람들에게 더 큰 신뢰와 호감을 준 것이다.

이처럼 사람들이 열광하는 것은 '특별함'에서 시작되는 게 아니라 '평범함'에서 시작된다.

달변가 영쌤의 찐팬이 되는 사람들

내가 유튜브를 시작하며 처음 올린 영상은 2015년 캐나다 워홀을 갔을 때 촬영했던 것이다. 당시 워홀을 준비하는 사람들을 위해 영상을 만들어 보았다.

유튜브에 처음 올린 '예비 워홀러 혹은 워홀러분들을 위한 동영상'

그런데 영상을 보면 이런 사람이 영어를 가르칠 수 있나 하는 생각이 들 정도로 발음은 어눌하고 문법은 죄다 틀렸다. 강사 입장에서 보면 흑역사라고 할 수 있는 영상이다. 하지만 나는 이 영상을 삭제하지 않았다. 그리고 유튜브 구독자가 몇만 단위로 넘어갔을 때 이 영상에 댓글이 달리기 시작했다.

사람들은 내 영어 실력을 비난하지 않았고, 오히려 이때보다 성장한 나를 응원해 줬다. 내 스토리는 원어민 출신도 아니고 정말로 영어를 못했던 사람도 결국 영어를 유창하게 하고 강의도 할 수 있다는 메시지로 전달되었다. 평범했던 나의 스토리에 사람들이 댓글을 달며 응원했다. 나의 흑역사가 누군가에게는 큰 위로가 된 것이다.

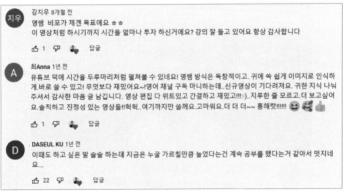

나의 첫 영상에 달린 댓글. 시간이 지날수록 응원의 댓글이 늘고 있다.

당신은 이미 브랜드입니다

그리고 나의 성장과정은 대부분 블로그에 글로 남아 있다. 한 번 써놓은 글은 사라지지 않는다. 나는 블로그라는 훌륭한 도구를 이용해 특별한 노력을 더하지 않고도 사람들에게 꾸준히 내 스토리를 전달하고 있다. 사람들은 그렇게 누군가의 팬이 되기 시작한다(혹시 이 글을 읽다 내 스토리가 궁금해진 사람은 네이버 검색창에 '돌아가도 좋아요 포기하지 마세요'라고 검색해 보자. 프리랜서 영쌤의 눈물겨운 고군분투기를 읽을 수 있다).

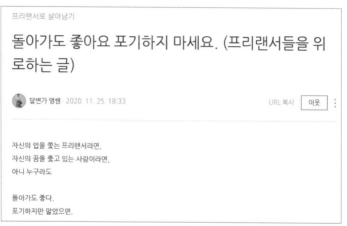

| 영쌤의 눈물겨운 고군분투기 '돌아가도 좋아요 포기하지 마세요'

평범한 사람이 가지는 스토리의 힘

이 책을 한창 쓰고 있을 때 인스타그램으로 사람들에게 '퍼스널 브랜딩'에 대해 궁금한 게 무엇인지 물어봤다. 사람들의 질문은 다음과 같았다.

- 전문지식을 가진 사람들 외에 일반 직장인들은 무엇으로 차별화된 자신만의 퍼스널 브랜딩을 할 수 있는가?
- 딱히 특출나게 잘하는 것은 없지만 중간은 가는 사람들, 이도 저도 아닌 사람들에게 도움이 될 만한 말이 있는가?

이 질문을 읽고 고개를 끄덕이는 사람들이 많을 것이다. 그런 사람들에게 꼭 전하고 싶은 말이 있다.

"오늘부터라도 당장 글쓰기(특히 블로그)를 시작해 보세요."

세상에는 평범한 사람들이 훨씬 많다. 이것은 평범한 내 이야기에 공감해 줄 사람이 그만큼 많다는 뜻이다. 지금 이 책을 읽는 여러분도 95%나 되는 평범한 사람들 중 한 명일 것이다. 평범하다는 것은 무엇이든 시작할 수 있고, 무엇이든 도전할 수 있다는 말이다. 그렇게 시작하고 도전하는 과정을 글로 남기는 것이다. 우리가 열광하는 영화와 만화의 주인공들도 처음부터 강하지는 않았다. 처음에는 우리와 다를 바 없는, 오히려 평균 이하의 능력을 가진 캐릭터로 나온다. 그런 주인공이 숱한 어려움과 위기를 겪고, 멘토를 만나고 성장하여 결국에는 위기를 극복해 내는 이야기에 우리는 환호한다.

평범할수록 나중에 더 밝은 빛을 얻는다. 내가 부잣집에서 태어나 어릴 때부터 외국에서 유학생활을 하며 원어민처럼 영어를 할 수 있었다면 지금과 같이 영어를 막 시작하려는 사람들이 공감하는 스토리를 전할 수 없었을 것이다. 내 스토리는 다른 영어 강사와는 차별화되는 가장 강력한 무기다. 이런 나의 장점은 바로 '평범함'에서 나오는 것이다.

평범한 사람일수록 글로 성장과정을 남겨 놓아야 한다. 나의 스토리는 곧 퍼스널 브랜딩과 연결된다. 당신이 평범한 사람이라고 생각한다면 지금 잠깐 책을 덮고 블로그를 개설하자. 네이버 블로그는 아이디만 있으면 누구나 개설할 수 있다. 그리고 글을 한 편 써보자. 지금의 나에 대한 이야기도 좋고, 앞으로 되고 싶은 나에 대해 써도 좋다. 지금 읽고 있는 이 책의 느낌을 써도 좋다. 지금의 나를 기록으로 남길 소중한 기회를 흘려보내지 말자.

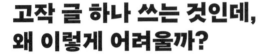

고작 글 하나 쓰는 것인데,
왜 이렇게 어려울까?

글을 쓰기 어려운 이유

나는 영어 강사가 본업이지만 평소 학생들에게 항상 강조하는 것이 따로 있다. 바로 '글쓰기'와 '말하기'다. 이 2가지만 잘하면 먹고사는 데 문제없다고 말한다. 그중 글쓰기를 먼저 해보라고 권한다. 우선 블로그를 만들어 자신의 이야기를 적어보라고 하면 한두 명은 꼭 이렇게 말한다.

"글 쓰는 게 너무 어려워요."
"글쓰기가 너무 안 돼요."
"막상 글을 쓰고 싶어도 쓸 내용이 생각나지 않아요."

나는 무엇이 그렇게 글쓰기를 어렵게 만드는지, 왜 글쓰기가 싫은지 물어봤다. 그 결과 그들이 글을 쓰지 못하는 이유는 다음 3가지로 압축되었다.

① 뭘 써야 할지 모르겠다.
② 머릿속에 들어 있는 생각을 끄집어내기 힘들다.
③ 잘 쓰고 싶은데 초등학생처럼 글이 어수선하다.

그럼 글을 쓰지 못하는 이유를 하나하나 살펴보면서 어떻게 하면 글을 잘 쓸 수 있는지 알아보자.

뭘 써야 할지 모르겠다

나의 블로그는 지금 영어와 자기계발, 퍼스널 브랜드 콘텐츠로 가득 차 있지만 처음에는 패션을 주제로 블로그를 시작했다. 10대 후반 20대 초반의 나는 패션에 관심이 많았고, 나름대로 데일리룩을 입은 사진을 찍어 올렸다. 내가 패션 블로그부터 시작했다고 하면 학생들은 놀란 눈으로(혹은 비웃는 눈으로) 나를 쳐다본다. 전혀 믿기지 않는다는 듯이 말이다. 나 역시 어느 순간 패션은 나와 어울리지 않는다는 것을 깨닫고, 블로그를 잠시 멈추었다. 그 후 캐나다에서 워홀을 하며 블로그를 다시 시작했고, 한국에 돌아와서는 강사 생활, 프리랜서 이야기, 퍼스널 브랜딩, 영어 등을 소재로 글을 올리기 시작했다. 그렇게 나만의 색을 담은 글들이 쌓여 갔다.

이처럼 글의 주제는 나의 상황에 따라 언제든 달라질 수 있다. 하나의 거대한 주제도 언제든 방향이 틀어질 수 있다. 요리 블로그에서 빅데이터 분석 블로그가 될 수도 있고, 공부 블로그에서 패션 블로그로 바뀔 수도 있다. 내 이야기를 중심으로 쓰게 되면 현재 내가 가장 관심을 두는 소재를 쓸 수밖에 없는데, 내 관심사는 늘 변하기 때문이다. 이처럼 관심사가 늘 변하기 때문에 글로 남기는 것이 좋다. 나중에 변화한 내 모습을 글로 보면서 자신에 대해 더 잘 알 수 있기 때문이다.

지금 잠깐 종이에 다음 5가지를 적어보자. 이것을 '5 What'이라고 하는데, 글의 주제는 대부분 여기에서 나온다.

① 내가 알고 있는 것(What I know)
② 내가 배우고 있는 것(What I learn)
③ 내가 경험한 것(What I experience)
④ 내가 느낀 것(What I feel)
⑤ 내가 원하는 것(What I want)

당신은 이미 브랜드입니다

1) 내가 알고 있는 것

내가 알고 있는 것이 꼭 전문지식일 필요는 없다. 내가 최근에 가장 큰 도움을 받았던 글은 '분리수거 제대로 하는 법'이었다. 덕분에 페트병에서 라벨을 떼어내고 분리수거를 해야 한다는 것과 뚜껑은 함께 버려도 괜찮다는 것을 알게 되었다. 엄마에게 이야기 했다가 "너는 그런 것도 몰랐니?" 하고 한소리 들었지만 세상에는 그런 것도 모르는 사람들이 많다. 이렇게 하나씩 내가 알고 있는 것들을 적어보면 나는 생각보다 아는 게 많은 사람이다. 그중에서 더욱 관심이 가고 계속하고 싶은 방향을 찾으면 그때부터는 조금씩 전문적인 지식을 쓰면 된다.

2) 내가 배우고 있는 것

배워야 알게 된다. 그날 배운 것을 복습한다는 생각으로 글을 써보면 큰 힘이 된다. 꼭 블로그에 올릴 필요는 없다. 요즘 많이 사용하는 노션(notion)이나 에버노트(evernote), 자신만의 메모장에 따로 모아 놓아도 된다.

3) 내가 경험한 것

회사에서 있었던 일, 쇼핑 가서 생긴 일, 친구를 만나 겪었던 일, 강연회에 갔던 일, 프로젝트를 완수한 일 등을 적어본다. 여러분의 삶에 재미있는 일이 일어나지 않는 것이 아니라 이미 많은 일들이 일어났는데 다 잊고 있었을 뿐이다. 잊어버리기 전에 글로 남겨놓자.

4) 내가 느낀 것

내가 느낀 것은 내 고민의 깊이가 된다. 글을 계속 써봐야 하는 이유는 내 생각에 확신을 더하기 위함이다. 같은 것을 바라봐도 우리는 각자 다르게 생각한다. 난 무엇을 생각했고, 왜 이렇게 생각했는지 적어보는 것이다. 나는 왜 여름이 좋은지, 나는 왜 심야영화가 좋은지, 나는 왜 국내여행이 좋은지…. 이렇게 좋아하는 것들을 생각하며 느낀 점을 써보는 것도 좋다. 물론 반대로 무엇이 싫은지를 쓰는 것도 괜찮다.

5) 내가 원하는 것

이 책을 펼친 사람이라면 대단한 성공을 이뤘다기보다 지극히 평범한 사람들일 것이다. 그렇다면 원하는 것도 굉장히 많을 것이다. 글에서는 욕심을 내도 괜찮다. '앞으로 몇 년 안에 무언가를 가지고 싶다' '무언가를 해내고 싶다'는 내용을 적어보자. 아직도 내 블로그에는 몇 년 전 내가 원했던 것들이 가득 적혀 있다. 예전보다 많은 것을 이루었지만 지금 나는 또 다른 새로운 것을 원하고 있

당신은 이미 브랜드입니다

다. '그걸 얻기 위해 무엇을 하면 좋을까'를 적으면 금상첨화이다.

여기에 한 가지 덧붙이고 싶은 조언은 '관찰자'가 되라는 것이다. 무언가 하나를 주의 깊게 바라보는 것만으로도 글의 주제가 될 수 있다. 누군가는 감귤에 상처가 많이 난 것을 보고 글을 떠올린다. '상처가 많을수록 맛있는 감귤이 된다' '상처가 많을수록 더 멋진 내가 된다'라고 연결하는 것이다. 아이스 아메리카노를 마시다 갑자기 글감이 떠오를지도 모른다. '커피는 뜨거운 열에 잘 볶을수록 맛이 깊어지듯이 나를 달달 볶고 있는 이 고난은 결국 나를 더 깊이 있게 만든다.' 이렇게 말이다.

글이 머릿속에만 있습니다

"저는 생각이 너무 많아서 글로 풀어내기가 너무 어려워요."

누구나 이 말에 공감할 것이다. 왜냐하면 실제로 글이나 말로 풀어내는 것의 10배는 더 많은 단어들이 우리 머릿속에 맴돌기 때문이다. 하루에 10만 개의 단어를 머릿속에 떠올린다면 그중에 글이나 말로 꺼내는 단어는 1만 개를 넘지 않는다. 이처럼 생각은 글이나 말보다 훨씬 거대하다.

이 문제를 해결하는 좋은 방법이 있다. 우선 오늘 블로그에 글을 쓰고 일단 '발행' 버튼을 누르고 자는 것이다. 그리고 다음 날 아침에 일어나 글을 다시 보면서 필요 없다 싶은 부분을 삭제한 후 다시 '발행' 버튼을 누른다. 다 끝났으면 다시 딴 일을 한다. 이 과정을 글이 마음에 들 때까지 반복한다. 여기서 중요한 것은 아무리 내 글이 별로라고 느껴져도 반드시 '발행' 버튼을 누르는 것이다.

남들이 체스나 장기를 두는 것을 지켜볼 때는 이상하리만큼 수가 잘 보이지만 막상 내가 게임을 할 때는 잘 보이지 않는다. 마찬가지로 글을 쓸 때는 안 보이던 것들이 다음 날 다시 보면 훈수를 두는 사람처럼 어색한 부분이 명확하게 보인다. 블로그가 편한 이유는 퇴고의 과정을 얼마든지 거칠 수 있기 때문이다. 나 역시 블로그에 올린 글을 다섯 번 넘게 수정한 적도 있다. 그래도 괜찮다. 글은 언제든 수정할 수 있다. 이때 '발행' 버튼을 꼭 눌러야 하는 이유는 써놓은 글이 있어야 수정도 할 수 있기 때문이다.

내가 이 책을 쓸 때 가장 위로가 되는 말이 하나 있었다.

'모든 초고는 쓰레기다.' - 헤밍웨이

이 한마디가 나에게 엄청난 마음의 위안을 주었다. 이 책을 쓰면서 나는 몇 번이고 노트북을 덮고, 멀리 바다로 떠나 맥주나 마

당신은 이미 브랜드입니다

시고 싶다는 생각을 했다. 당장이라도 출판 계약을 무르고 싶다는 생각을 43번 정도는 한 것 같다. 그렇지만 퇴고의 과정을 거치면서 원고를 완성했을 때는 쓸데없는 이야기를 덜어내고 더 담백한 글이 되어 있을 것이라는 확신이 있었다.

우선 머릿속에 들어 있던 생각들을 여백에 담아보자. 마음에 들지 않아도 괜찮다. 어차피 내일 수정할 것이다. 나이키의 슬로건 'Just do it(하기나 해)'은 운동하는 사람뿐만 아니라 글 쓰는 사람들을 위한 문구라는 생각이 든다. 일단 글을 쓰기부터 하자.

글이 너무 초딩 같습니다

꼭 기억해야 할 사실이 하나 있다. 우리는 단지 글쓰기를 하는 것이지 작가가 되려는 것이 아니다. 전문적인 작가가 되려면 글의 기획과 구성, 전개 방식을 제대로 세우고 그에 맞춰서 써야 한다. 이것은 영어를 배우는 것보다 더 어렵다. 나는 한 번도 사람들에게 작가가 되라고 한 적이 없다. 마찬가지로 이제 막 글을 쓰기 시작하는 당신이 꼭 글을 잘 써야 할 필요는 없다. 처음부터 잘 쓰려고 하는 것은 마치 헬스장에 간 첫날부터 보디빌더의 몸을 가지고 싶어 하는 것과 같다.

글이라는 것은 참 신기하다. 전혀 글쓰기를 배우지 않은 사람도 '글을 잘 쓰고 싶다'는 욕심이 먼저 든다. '쓴다'는 행위는 우리가 한글을 깨칠 때부터 해온 것이기에 익숙한 만큼 쉽다고 느껴지는 것이다. 하지만 막상 펜을 잡거나 키보드에 손가락을 올려놓는 순간 뭘 써야 할지 막막하다. 내가 쓴 글이 너무 별거 아닌 것 같아 이내 글을 지워버리고 만다.

이때 우리는 글을 쓰는 이유를 다시 생각해 봐야 한다. 아무도 당신에게 작가처럼 글을 쓰라고 하지 않는다. 우리가 할 일은 강물처럼 흘러가는 하루에 그물을 쳐서 경험과 기록이라는 고기를 낚는 것이다. 그물의 모양이 어떻든 고기만 잡으면 되는 것처럼 글의 형태가 어떻든 그날 느끼고 배우고 경험한 것들을 기록하면 된다. 글을 쓸수록 알게 될 것이다. 내가 생각보다 글을 잘 쓰고 있다는 것을…. 그래서 거듭하는 말이지만 역시 꾸준히 써보는 게 답이다.

당신은 이미 브랜드입니다

지금 잠깐 종이에 다음 5가지를 적어보자. 이것을 '5 What'이라고 하는데, 글의 주제는 대부분 여기에서 나온다.

① 내가 알고 있는 것(What I know)

② 내가 배우고 있는 것(What I learn)

③ 내가 경험한 것(What I experience)

④ 내가 느낀 것(What I feel)

⑤ 내가 원하는 것(What I want)

초심자가 글을 잘 쓰는 방법

한 번 더 강조하는 것

글을 쓰기 위해서는 꼭 염두에 둘 마음가짐이 있다. '글을 잘 쓰려고 하지 말자'는 것이다. 물론 글을 잘 쓰려면 일단 많이 써봐야 한다. 하지만 글을 잘 쓰려고 힘이 들어갈수록 오히려 글이 안 나온다. 우리의 목표는 기록가가 되는 것이다. '오늘 내 생각을 기록하자'는 마음가짐으로 충분하다. 좋은 글을 쓰기 위해 고민하다 떠오른 한 가지를 기록한다는 마음으로 편하게 쓴 10개의 글이 훨씬 중요하다. 다시 한 번 강조한다. 우리는 '기록가'가 되어야 한다.

당신은 이미 브랜드입니다

사람들이 글쓰기에서 어려워하는 것

사람들에게 '글쓰기에서 가장 어려운 점은 무엇인가요?'라고 물어보면 다음 3가지 대답이 가장 많이 나온다.

① 어떻게 글을 시작해야 할지 모르겠어요.
② 어떻게 글을 풀어내야 할지 모르겠어요.
③ 어떻게 글을 끝내야 할지 모르겠어요.

사실 모든 글쓰기는 결국 이 3가지로 구성된다. 글을 시작하고, 내용을 쓰고, 글을 끝내는 것. 이제부터 이 3가지 문제를 어떻게 해결해야 할지 하나씩 살펴볼 것이다.

어떻게 글을 시작해야 할지 모르겠어요

네이버 블로그는 제목을 적지 않고 '발행' 버튼을 누르면 '20××년 10월 19일 오후 5시 13분에 저장한 글입니다'라는 제목으로 글이 올라간다. 가끔 정말 제목이 생각나지 않는 날이면 이렇게 포스팅을 올리기도 했다. 이런 경우는 보통 어떤 내용을 전달하기 위한 글이라기보다 그냥 그날의 생각을 아무 주제 없이 적은 것이다. 이런 기록을 남겨보는 것도 좋은 글쓰기 연습이 된다. 하지만 더 좋은 글을 쓰기 위해서는 방향을 잡아야 한다. 글의 방향은 결국 내 인생의 방향이다.

글을 잘 쓰기 위해서는 3가지가 필요하다. 많이 읽고, 많이 보고, 많이 생각하는 것이다. 이 중에서 가장 중요한 것은 역시 많이 생각하는 것이다. 우리의 생각은 바닷가 파도처럼 항상 머릿속을 휘몰아친다. 우리는 여기에 그물을 던져 고기를 건져내야 한다. 그것이 내 글의 주제가 된다. 잠시 생각해 보자. 나는 어떤 주제로 글을 쓰고 싶은가? 이때 제목은 다음과 같은 방법으로 정하면 된다.

1) 명사 활용하기	• 행복에 대하여 • 돈에 대하여 • 성공에 대하여
2) ~하는 법 쓰기	• 성공하는 프리랜서가 되는 법 • 바퀴벌레 퇴치법 • 페트병 재활용하는 법 • 더듬지 않고 말하는 3가지 방법
3) 경험 활용하기	• 세바시 ○○ 강연을 보고 배운 것 • 제주 한 달 살기에서 느낀 점 • 클래스101 수강한 지 일주일 리얼 후기 • 오늘 멘토에게 들었던 기억나는 한마디
4) 질문하기	• 어깨가 넓어지는 방법은? • 예비 워홀러에게 필요한 것은? • 어떻게 하면 글을 잘 쓸 수 있을까? • 왜 영어를 배워야 할까?

'뭐야? 짧고 쉽네?'라는 생각이 들 수도 있다. 그렇다. 제목을 정하는 것은 거창하거나 어려운 일이 아니다. 제목은 오히려 짧을수록 글을 쓰는 사람이나 읽는 사람에게 더 편하게 다가온다. 글은 제목만 나오면 50% 이상 썼다고 해도 과언이 아니다. 제목만 잘 정해지면 그다음에는 키보드에 손을 올리기만 해도 글이 써질 것이다. 예로 든 제목들은 몇 가지 형식으로 나눠져 있지만 한 가지 공통점이 있다. 모두 '하나의 키워드'가 제목에 포함되어 있다는 것이다. 각 제목의 키워드는 다음과 같다.

제목에 명확한 키워드가 담겨 있으면 글의 방향을 잡기가 쉬워

1) 명사 활용하기	• 행복에 대하여 • 돈에 대하여 • 성공에 대하여
2) ~하는 법 쓰기	• 성공하는 프리랜서가 되는 법 • 바퀴벌레 퇴치법 • 페트병 재활용하는 법 • 더듬지 않고 말하는 3가지 방법
3) 경험 활용하기	• 세바시 ○○ 강연을 보고 배운 것 • 제주 한 달 살기에서 느낀 점 • 클래스101 수강한 지 일주일 리얼 후기 • 오늘 멘토에게 들었던 기억나는 한마디
4) 질문하기	• 어깨가 넓어지는 방법은? • 예비 워홀러에게 필요한 것은? • 어떻게 하면 글을 잘 쓸 수 있을까? • 왜 영어를 배워야 할까?

진다. 경부고속도로를 탔다면 그 길을 벗어나지 않고 계속 가는 것과 같다. 그래서 나에 대한 글을 쓰더라도 먼저 키워드를 중심으로 방향을 정해야 한다.

내 블로그에서 인기가 많았던 글 역시 키워드가 명확한 글이었다. 글의 제목을 '오늘 내가 느낀 것'이라는 식으로 정하기보다 명확한 키워드를 하나 골랐다. 그중 하나가 '프리랜서'였다. 실제 프리랜서를 준비하는 분들이 큰 용기와 도움을 얻었다며 많은 댓글을 달아주었다.

이처럼 키워드를 제목으로 정하고 관련 글을 쓰면 된다. 그렇게 글이 한두 개씩 쌓이면 조금씩 '전문가'의 길로 들어서게 된다. 그리고 그것이 '나'라는 브랜드의 색깔이 된다. 이렇게 주제를 정하고 글 몇 개를 썼을 뿐인데 나는 사람들에게 전문가로 인정받기 시작했다. 그 증거가 이제 막 프리랜서를 시작하는 분들에게 질문이나 인사를 받게 된 것이다. 그들은 '프리랜서' 하면 내가 떠오른다고 했다.

글을 써야 하는 이유가 여기에 있다. 글을 쓰다 보면 내가 쓰고 싶은 주제가 생긴다. 글을 써야 하기에 나라는 사람을 고민하게 되고, 그것이 결국 숨겨져 있던 나라는 브랜드가 세상에 나오는 시작점이 된다. 오늘 당신은 어떤 글을 쓰고 싶은가? 제목부터 적어보자. 글이 저절로 나오게 될 것이다.

당신은 이미 브랜드입니다

2020. 10. 19.   3,706 읽음

프리랜서 생활 5년 만에 가장 많은 돈을 벌었다.
이 글을 읽는 당신은 프리랜서이거나 프리랜서를 준비하는가? 혹
은 직장인이지만 프리랜서를 준비하고 있거나 N잡러의 삶을 꿈…

220   76

블로그에서 인기가 많았던 '프리랜서'에 대한 글

2020. 11. 25.   979 읽음   2021. 1. 31.   1,319 읽음   2021. 5. 12.   2,464 읽음

돌아가도 좋아요 포기하지 마세요. (프리랜서들을   프리랜서가 읽기 가장 쉬운 책, 생각의 비밀   1년에 천만 원을 벌었던 프리랜서 영쌤은 지금 한 달
위로하는 글)   에 얼마를 벌까?
자신의 업을 찾는 프리랜서라면, 자신이 옳고 있는 사람이라   요즘 책에 둘러싸여 살고 있다. 프리랜서로 나의 일을 하며 살아가   "영쌤 이거 정말 알아요?" - "네가 왜요?" "작년 소득이 천만 원 밖
면, 아니 누구라도 돌아가도 좋다. 포기하지만 말았으면. 지난후…   고 싶다면 독서하는 습관은 반드시 가지고 있어야 한다. 프리랜…   에 안되는데요?" 세무사는 덕분에 이번 세금은 5천 원 밖에 안…

126   50   75   8   123   41

'프리랜서'라는 키워드로 제목을 정하고 쓴 글들

어떻게 글을 풀어내야 할지 모르겠어요

글을 풀어내는 데에는 사실 정답이 없다. 두괄식이 좋을 수도 있고, 미괄식이 좋을 수도 있으며, 수미상관을 지켜야 할 때도 있지만 그렇지 않은 글도 있다. 두괄식이니 미괄식이니 하는 단어들이 무슨 뜻인지 몰라도 괜찮다. 나도 모른 채 블로그에 글을 썼다. 다시 말하지만 우리의 목표는 '작가'가 아닌 '기록가'이다.

글을 쓸 때는 다음 2가지만 기억해도 부담이 훨씬 줄어든다.

① 쉽게 쓴다.
② 짧게 쓴다.

글을 쓸 때 최대의 적은 '있어 보이는 척' 하는 것이다. 글은 쉽게 쓸수록 잘 읽힌다. 그리고 잘 읽히는 글이 좋은 글이다. 내가 느끼기에도 어려운 표현은 굳이 쓰지 않는 것이 좋다. '내 글을 읽는 사람은 초등학생이다'라는 생각으로 쓰면 된다.

그리고 우리가 쓰는 글은 자기소개서처럼 글자 수가 정해져 있지 않다. 긴 글, 짧은 글 중 하나를 선택하라고 하면 난 언제나 짧은 글을 선택할 것이다. 이때 '짧게 쓴다'는 것도 '쉽게 쓴다'는 것과 연결된다. 특히 문장에서 접속사와 형용사, 부사는 매우 중요하다.

　　　　　　　　당신은 이미 브랜드입니다

김치를 담글 때 소금과 고춧가루만큼이나 중요하다. 소금과 고춧가루를 너무 많이 넣으면 짜고 매워서 목이 칼칼하고 결국 그 김치에 손이 가지 않는다. 마찬가지로 글을 쓸 때도 한 문장에 접속사 하나, 형용사 하나, 부사 하나 정도가 적절하다.

어떻게 글을 끝내야 할지 모르겠어요

글을 마무리할 때도 사람들은 어려움을 느낀다. 글을 끝내는 방법에는 여러 가지가 있겠지만 내가 즐겨 사용하는 방법에는 몇 가지 패턴이 있다.

1) 질문하며 끝내기
   - (글쓰기 관련 글을 쓰고) 오늘 당신의 글을 한번 써보는 것은 어떨까요?
   - (동기부여 관련 글을 쓰고) 지금 일어나서 방 청소부터 해보는 것은 어떨까요?

2) 강조하며 끝내기
   - 딱 이 단어 하나만 기억하자.
   - 여러분들 모두 빛이 난다. 이걸 잊지 말자.

- 나도 해냈다. 당신도 할 수 있다.

3)   오늘 쓴 글을 돌아보며 끝내기
    - 이렇게 오늘 제주도 한 달 살기에 대해 글을 써봤다.
    - 프리랜서가 가져야 할 3가지 습관을 함께 살펴봤다.
    - 기분이 좋아지는 법에 대해 이야기해 봤다.

이외에도 여러 가지 방식으로 글을 마무리할 수 있지만, 여기서는 하나만 기억하자. 바로 '질질 끌지 않기'다.

학생 중 한 명이 이런 질문을 했다. "선생님 제가 하는 말을 어떻게 끊고, 끝내야 할지 모르겠어요." 영어를 굉장히 잘하는 학생이었다. 다만 말이 길어지는 버릇이 있는데, 듣다 보면 "어? 끝난 거야?" 하는 순간이 온다. 그래서 지금까지 어떤 말을 하려고 한 것인지 제대로 전달되지 않았다. 그 학생도 자신의 문제점을 느끼고 있었던 것이다. 나는 이렇게 이야기했다.

"말을 마칠 때 내가 이야기하고 싶었던 내용을 한 문장으로 표현하는 습관을 가져보면 어떨까?"

글쓰기를 마무리할 때도 마찬가지다. 말이란 결국 소리가 있는 글이다. 끝이 간결할수록 메시지가 잘 전달되고 기억에 오래 남는다. 시작과 중간은 길어도 괜찮지만 끝이 길면 기억에 남는 글이

당신은 이미 브랜드입니다

되기 어렵다. 그 옛날 우리가 교장 선생님의 훈화를 얼마나 힘들어했는지를 떠올려보면 바로 고개가 끄덕여질 것이다.

스티브 잡스는 스탠퍼드 대학교 졸업식에서 14분간의 긴 연설을 마무리하며 "갈망하고 배우세요(Stay hungry, Stay foolish)"라는 말로 끝맺었다. 2005년 잡스의 이 연설은 17년이 지난 지금까지도 나를 비롯한 수많은 사람들의 기억 속에 남아 있다. 이처럼 내가 하고 싶은 말을 딱 한 문장으로 줄여보자. 이는 결국 내가 전하고자 하는 메시지가 무엇인지 고민하는 과정에서 나올 수 있다.

다음은 내가 한창 글쓰기를 연습할 때 책이 닳도록 읽었던 강원국 저자의 《대통령의 글쓰기》에 나온 '글을 끝내는 12가지 방법'

| 스티브 잡스의 스탠퍼드 대학교 졸업식 연설

이다. 그 방법을 참고하여 나만의 예문을 만들어 봤다.

▪ 글을 끝내는 12가지 방법

방법	예문
1) 인용하기	'소 잃고 외양간 고친다'는 말이 있다. 오늘 나는 소를 잃었지만 그럼에도 외양간을 고친다. 다음에는 잃어버리지 않기 위해서.
2) 정리하기	결론적으로 하고 싶은 말은 '글을 쓰자'이다. 이를 다시 정리하면 우리가 해야 할 일은 '글을 쓰는 것'이다. 이 말만 기억하기를 바란다.
3) 호소하기	오늘 읽은 내용을 잊지 말고 꼭 실천해 보자.(실천해 보는 것은 어떨까?)
4) 기대하기	오늘 내 책을 읽고 또 누군가는 시작하게 될 것이다. 그 사람의 미래가 벌써부터 기대된다.
5) 약속(다짐)하기	오늘 내가 쓴 대로 나는 좀 더 용기와 확신을 가지고 내 글을 쓸 것이다.
6) 거듭하기	거듭 말하지만 우리는 '기록가'가 되어야 한다.
7) 주장하기	끝으로 강조하고 싶은 것은 평범한 사람일수록 이야기의 힘은 강력해진다는 것이다.
8) 전망하기	앞으로 프리랜서는 더 많아질 것이다. 오늘부터 바로 도전해 보자.
9) 덕담하기	나도 해냈다. 당신도 할 수 있다.

당신은 이미 브랜드입니다

10) 과제 말하기	오늘 당신이 해야 할 것은 딱 하나다. 책을 10페이지 읽고, 그로부터 느낀 점을 글로 쓰는 것.
11) 개인적인 이야기	여담이지만 이 책을 쓰면서 나 역시 끝마치기가 쉽지 않다는 것을 느꼈다.
12) 여운 주기	오늘 여기 졸업생 여러분들에게 이 말을 전하며 연설을 마칩니다. "갈망하고 배우세요."(스티브 잡스)

(참고 : 《대통령의 글쓰기》, 강원국, 메디치미디어, 2014년)

지금까지 글을 잘 쓰는 법에 대해 알아보았다. 이제 여러분의 블로그를 열고 바로 글 한 편을 완성해 보길 바란다. 알게 된 순간 곧바로 실행해 보는 것만큼 강한 성취감을 주는 것도 없을 것이다.

오늘 당신은
어떤 글을 쓰고 싶은가?
제목부터 적어보자.
글이 저절로 나오게 될 것이다.

쓰면 결국엔 변한다

우리가 학교에서 배워야 하는 것

수많은 사람들에게 동기부여를 하는 명강사이자 《12가지 인생의 법칙》의 저자인 조던 피터슨(Jordan B. Peterson) 교수는 대학 강의에서 이렇게 말한다.

"여러분은 생각하고(think), 말하고(speak), 글 쓰는 법(write)을 배워야 합니다. 이걸 배운다면 여러분은 어디에서나 필요로 하는 존재가 될 것입니다."

세계적인 명성을 가진 대학 교수도 글쓰기를 강조한다. 그리고 나 역시 이 말에 백번 동의한다. 내 인생의 시작은 글쓰기였고, 내 인생이 변한 것도 글쓰기 덕분이었다. 내가 작가처럼 아주 논리적인 글을 썼던 것은 아니다. 그럼에도 나는 계속 썼다. 그런 글들이 하나둘 쌓여 이렇게 책까지 출간하게 되었다.

글쓰기가 지금 당장 부귀영화를 누리게 해주지는 않는다. 글쓰기는 복권이 아니다. 일확천금을 얻고 싶다면 차라리 복권을 사는 것이 빠를 수 있다. 하지만 복권은 당첨되지 않으면 버려야 한다. 그러나 글은 버릴 게 없다. 쓰면 쓸수록 차곡차곡 쌓인다. 그렇게 쌓인 글은 반드시 당신에게 놀라운 변화를 가져다줄 것이다.

오늘부터라도 글을 써보자. 기억에 남는 일상을, 거기서 내가 느낀 감정을, 그렇게 얻은 경험을, 남들과 나누고 싶은 지식을, 그러다 깨달은 지혜를, 그렇게 담담한 마음으로 하루하루의 나를 기록해 보자. 그렇게 쌓은 벽돌은 어느새 성벽이 되어 굳건하게 나를 지켜줄 것이다.

당신은 이미 브랜드입니다

두 번째 도구

말하기

표현 잘하는 사람이
인정받는 시대

회사가 원하는 사람들

미국의 경제 전문지 <포춘>은 100대 기업을 대상으로 구직자가 갖춰야 할 가장 중요한 역량이 무엇이라고 생각하는지 설문조사를 했다. 수많은 요소들 중 압도적인 1위는 '말로 하는 의사소통 능력'이었고, 2~4위 역시 모두 '의사소통'과 관련된 역량이었다.

결국 말을 잘하고, 잘 듣고, 잘 쓰는 사람은 어디서나 인정받고 높은 평가를 받을 수 있다는 말이다. 비단 회사뿐만 아니라 요즘 초등학생들이 가장 되고 싶어 하는 유튜버도 자신의 생각을 말이나 글로 잘 전달하는 사람들이다. 역시 세상은 표현을 잘하는 사람들의 손을 들어주고 있다.

당신은 이미 브랜드입니다

1 말로 하는 의사소통 능력(Oral communication)

2 경청 능력(Listening skills)

3 글로 하는 의사소통 능력(Written communication)

4 프레젠테이션 능력(Presentation skills)

5 적응력(Adaptability)

6 성실성(Integrity)

출처 : GMAC(Graduate Management Admission Council) 설문조사 리포트

말하는 게 무서운 우리

의사소통은 결국 전달력이다. A의 생각이 B에게 온전히 전달되어야 하는 것이다. 하지만 말을 잘하기는 너무 어렵다. 때로는 어려움을 넘어 말하는 것 자체에 약간의 두려움을 느끼기도 한다. 글쓰기가 귀찮아서 안 하는 영역이라면 말하기는 떨려서 안 하는 영역이다. 이를 대표적으로 보여주는 단어가 '콜 포비아'이다.

이제는 전화가 어색해 전화로 주문하는 것이 오히려 더 불편하다. 초등학교 때 처음으로 돈가스 배달 주문을 해보았던 기억이 난다. 그때 우리 집 주소는 어린 내가 외우기에 제법 길었다. 그래서 메모지에 집 주소를 적고 입으로 몇 번 중얼거려본 다음에 주문 전

화를 걸었다. 연결음이 '뚜르르' 갈 때 심장이 콩닥콩닥 뛰더니 '딸깍' 하고 받는 소리가 나자 심장이 철렁했다. 떨리는 목소리로 겨우 주문하고 나니 온몸에 진이 빠졌다. 사실 말을 한다는 것은 이렇게 어려운 일이다. 의사소통을 잘하는 사람이 인정받는다고 하는데, 우리는 여전히 의사소통이 어렵다.

말하기가 어려운 이유

글쓰기에 비해 말하기는 왜 이렇게 어려운 걸까? 이것은 말이 가진 2가지 특성 때문이다.

① 즉각적이다.
② 실수하기 쉽다.

글은 충분한 시간을 두고 쓸 수 있는 데다 언제든 수정할 수 있다. 그리고 글을 올리자마자 댓글이 바로 달리지도 않고, 댓글이 달렸다 하더라도 곧바로 답변을 해야 하는 것도 아니다. 반면 말은 즉각적인 반응을 요구한다. 0.5초 혹은 1초 만에 상대의 질문이나 반응에 대처해야 한다. 질문을 받고 3초만 머뭇거려도 엄청나게 긴 시간처럼 느껴진다. 즉, 고민할 시간이 글보다 충분하지 않다. 또한 비언어적 반응이 바로바로 보이는 것도 한몫한다. 상대방이 미간을 찌푸리거나 "음…" 하는 소리가 들리면 머릿속이 순식간에 하얘진다.

또한 말은 실수하기 쉽다. 무엇을 말해야 할지 정리하지 못한 상태에서는 나도 모르게 실수가 터져 나온다. 일대일 대화는 차라리 괜찮다. 하지만 면접이나 발표 같은 중요한 자리 또는 강의를 해야 하는 강사의 입장이라면 치명적인 결과로 다가올 때가 많다.

그렇다. 말을 잘하는 것은 쉬운 일이 아니다. 그러나 잘 생각해 보면 그렇게 어려운 일도 아니다. 우리는 언제나 말을 하며 산다. 특별히 말하는 연습을 하지 않고도 친구들이랑 신나게 수다를 떨 때면 시간 가는 줄 모른다. 시험 공부를 할 때는 어려운 수학 문제를 친구에게 술술 설명해 주기도 한다. 이처럼 우리는 이미 말을 잘한다. 다만 공식적인 자리에서 조금 더 어려움을 느낄 뿐이다. 이때 몇 가지 방법만 알면 훨씬 말을 잘할 수 있다. 지금부터 그 방법을 알아보자.

누구나 말을 잘할 수 있다

말 잘하는 사람은 따로 있다?

내가 '달변가'라는 호칭을 사용하는 것을 보고 많은 사람들이 "말을 정말 잘하시나 봐요?"라고 묻는다. 그럼 나는 "제가 말로 벌어먹고 사는 사람이라서요"라고 웃으며 말한다. 하지만 정확히 말하면 말을 잘하고 싶어서 이 호칭을 쓰게 된 것이다. 강사라는 직업을 가진 나에게 '말'은 밥벌이와 직결된다. 말을 잘하느냐에 따라 그날 점심이 컵라면에 김밥이 될 수도 있고, 푸짐한 왕돈가스나 초밥이 될 수도 있다. 안타깝게도 오랜 기간 내 점심은 컵라면에 김밥이었다. 그만큼 나에게 말하기는 너무 어려운 일이었다.

강사 생활을 막 시작했을 때는 자신감이 넘쳤다. 캐나다에서

당신은 이미 브랜드입니다

테솔(TESOL) 과정도 수료했고, 페루에서 영어를 가르치는 봉사활동을 하며 쌓은 영어 실력을 믿었기 때문이다. 그러나 한국에 돌아와 강의를 시작한 지 일주일 만에 내 자신감은 먼지가 되어 사라졌다. 영어를 잘하는 것과 영어를 잘 가르치는 것은 전혀 다른 분야였다. 나는 분명 영어를 가르치고 있는데, 학생들은 연신 고개를 갸웃거렸다. 그들의 속마음이 말풍선처럼 보였다. "아, 뭐라는 거야. 환불해야겠다." 첫 달에 3명이던 학생이 다음 달에 2명으로 줄었다. 강의가 있는 날이면 악몽을 꾸다가 잠을 깨곤 했다. 그렇게 몇 개월을 보냈지만 말하기 실력은 좀처럼 나아지질 않았다. 나는 변화가 필요했다.

하지만 다행히 운이 좋았다. 당시 내가 일하던 학원의 강사들은 세상에서 가장 말을 잘하는 사람들만 모아놓은 것 같았다. 그들의 강의실은 늘 학생들이 꽉꽉 들어차 있었다. 교실에서는 즐거운 에너지가 흘러넘쳤다. 강사와 학생은 서로 소통하고 있었고, 그 강의실은 언제나 웃음소리로 가득했다. 2시간 동안의 영어 강의가 끝나면 "벌써 끝나서 아쉬워요!"라는 반응이 나왔다. 이곳이 영어학원인지 놀이공원인지 헷갈릴 정도였다.

강의가 끝나고 그 반의 강사와 대화를 나눴다. "말을 너무 잘해서 부럽다" "말솜씨를 타고난 것 같다"고 하니 놀랍게도 그 강사는 손사래를 치며 말했다.

"무슨 소리야. 나 무대 공포증 있어."

30~40명이나 되는 학생들 앞에서 그렇게 당찬 모습으로 강의를 하는 사람의 입에서 나올 말인가 싶었다. 그러나 강사의 말은 진심이었다. 자기는 항상 사람들 앞에서 말하는 것이 불편하고, 아직도 많은 사람들 앞에 서면 얼굴이 빨개지는 부끄럼쟁이라는 것이다. 그날의 대화는 완전 초보 강사였던 나에게 큰 힘을 주었다. 그 후로 나는 말을 잘하기 위한 방법들을 연구하고 연습에 연습을 거듭했다. 그러자 말문이 조금씩 트이기 시작하더니 이제는 라이브로 Q&A를 주고받아도 웬만큼 소통할 수 있고, 강연 요청이 와도 큰 걱정 없이 강연을 한다. 이렇게 열심히 노력해서 얻은 말하기 능력은 유튜브에서도 고스란히 발휘되어 내게 많은 기회와 부를 가져다주고 있다.

가장 먼저 해야 할 것은 '관찰하기'

말을 잘하기 위해서는 먼저 잘 봐야 한다. 그런 점에서 지금은 말하기를 배우고 연습하기에 가장 좋은 시대다. 우리가 말하는 모습을 언제든 영상으로 기록하기가 굉장히 쉬워졌기 때문이다.

글은 원래부터 기록하기 쉬웠다. 종이가 없으면 벽에 쓰면 되

130　　　　　　　　　　　　　　　　　　당신은 이미 브랜드입니다

고, 펜이 없으면 땅바닥에 나뭇가지로 쓰면 된다. '기록하기 쉽다'는 말은 '다시 보기 편하다'는 말과 같다. 다시 읽어 보면서 마음에 들지 않는 부분은 수정하며 글쓰기 실력을 키울 수 있다. 하지만 말하기는 다르다. 예전에는 자신이 말하는 모습을 다시 보기가 쉽지 않았지만 지금은 누구나 스마트폰으로 영상을 찍을 수 있다. 화질도 좋고 소리도 깔끔하게 녹음된다. 즉, 내가 말하는 모습을 관찰하기가 쉬워졌다는 것이다. '관찰하기'는 말을 잘하기 위해 가장 먼저 들여야 하는 습관이다.

내가 말하는 모습을 동영상으로 촬영하고 다시 보면 처음에는 스마트폰을 집어 던지고 싶은 기분이 들 것이다. 목소리는 왜 이렇게 이상한지, 표정은 왜 그렇게 부자연스러운지, 무슨 말을 하려는지 전달도 되지 않고 어색할 뿐이다. 그러고는 '난 역시 말을 못해'라고 못 박아버릴지도 모른다. 하지만 진정하고 던진 스마트폰을 다시 주워 와서 이 말을 새겨보자.

"대부분의 사람들이 그렇게 느낀다. 당신만 그런 게 아니다."

댄서들은 거울을 보며 수없이 자신의 자세를 고친다. 코미디언들은 자신의 연기가 자연스러울 때까지 몇십 몇백 번 모니터링한다. 그렇게 해서 춤을 잘 추는 댄서가 탄생하고, 우리를 깔깔 웃게 만드는 코미디언이 탄생한다. 말을 잘하는 것도 마찬가지다. 내가 말하는 모습을 마주 볼 수 있어야 한다. 말을 못하는 사람은 자신의 모습이 세상에서 가장 낯설지만, 말을 잘하는 사람은 자신의 모습이 세상에서 가장 익숙하다.

대부분의 사람들은 자신이 말하는 모습을 본인보다 남들이 더 많이 본다. 회사에 가든 학교에 가든 항상 내 말을 듣는 사람은 내가 아닌 남이다. 하지만 나는 내가 말하는 모습을 가장 많이 봤다고 생각한다. 관찰하면 고칠 점이 보이고, 고치면 더 나아진다. 그렇게 나는 '달변가'라는 호칭에 걸맞게 말 잘하는 사람이 되었다.

말하는 내 모습을 촬영하고 관찰하는 것에 익숙해지자. 돈도 안 들면서 가장 효율적이고 효과적인 방법이다. 이보다 더 좋은 방법을 떠올릴 수 없다. 어떤 질문에 대한 답변도 좋고, 어떤 것을 정의해 보는 것도 좋다. 지금 바로 스마트폰의 동영상 카메라를 켜고 다음 질문들에 답해 보자.

Q. 행복이란 무엇일까?

Q. 가장 기억에 남는 여행은?

Q. MBTI가 주는 장단점은 무엇일까?

Q. 당신이 잘 아는 것을 하나 설명해 보자.(예를 들어 영어 강사라면 '현재완료', 요가 강사라면 '요가와 필라테스의 차이점', 플로리스트라면 '꽃을 오래 보관하는 법' 등등)

당신은 이미 브랜드입니다

이렇게 스스로에게 질문을 던지고 답하는 모습을 영상으로 촬영해 보자. 어딘가에 올릴 필요는 없다. 단지 내가 보기 위한 영상일 뿐이다. 영상을 보다 보면 나는 어떻게 말을 하고, 어떤 습관을 가지고 있는지 알 수 있다. 결국 말을 잘하기 위해서는 나 자신을 잘 봐야 한다.

캐나다에 가자마자 취직할 수 있었던 이유

나는 딱 2개월간 머무를 돈만 챙겨 캐나다로 워홀을 떠났다. 도착하자마자 다음 날부터 이력서 수십 개를 뿌렸다. 운 좋게 자라(ZARA)에서 연락이 왔다. 면접까지 딱 일주일 남은 상황이었다. 면접이 끝나고 2주 후 연락이 왔다. "면접에 합격했으니 다음 주부터 출근하면 됩니다." 영어도 잘하지 못했던 내가 세계적인 의류 브랜드에 합격했다. 그것도 캐나다에 도착하자마자 3주 만에 말이다. 지금부터 그 비밀을 공유하고자 한다.

우선 구글 검색으로 자라의 면접 질문 리스트를 찾아봤다. 그리고 각 질문에 맞게 대본을 작성한 다음 홈스테이 맘(mom)과 친구들에게 피드백을 받고 수정했다. 그렇게 하나씩 대본이 완성되었다. 이제부터가 중요하다. 모든 면접 질문에 대한 대본을 외우고, 스마트폰 동영상으로 촬영했다. 서서도 촬영해 보고, 앉아서도 촬영해 봤다. 면접 질문 하나에 적게는 20번, 많게는 40번까지 촬영했다. 촬영 후에 내 모습을 보면서 안 들리는 단어는 체크해 두었다가 다시 연습하고, 어색한 문장은 빼고 다시 연습했다. 나중에는 입이 얼얼하고 목이 칼칼했지만 면접에서 질문을 하면 1초도 망설이지 않고 대답할 수 있도록 연습했다. 그 결과 나는 한국에 돌아가지 않고 계속 캐나다에 머무를 수 있었다.

이처럼 말을 잘하려면 '연습'이 필요하다. 쉽게 얻어지는 것은 없다. 소리를 내서 말해 봐야 하고, 그 모습을 보고 고칠 점을 확인한 다음 그 부분을 수정해서 다시 말해 봐야 한다. 스마트폰 앞에서도 해보고, 사람들 앞에서도 해봐야 한다. 말은 긴장할수록 더 안 나온다. 긴장을 덜기 위해서라도 연습을 많이 해야 한다. 연애의 기술 천 가지를 알아도, 직접 그 사람에게 다가가 말을 건넬 수 없다면 연애를 잘할 수 없다. 연습 없는 기술이나 법칙은 아무 의미가 없다.

의식적인 연습과 효과적인 도구를 활용하면 충분히 말을 잘할 수 있다. 지금 당장 스마트폰 동영상 버튼을 누르고 말해 보자. 뻣뻣하고 어색해도 괜찮다. 얼마든지 나아질 수 있다. 우리 모두는 태어날 때부터 '달변가'의 자질을 갖췄다. 단지 충분히 연습하지 않았을 뿐이다.

당신은 이미 브랜드입니다

오늘부터 당장
말을 잘할 수 있는 방법

말을 잘하는 사람들은 다음 3가지 법칙을 꼭 지킨다.

① 상대방의 언어로 말한다.
② 짧고 간결하게 말한다.
③ 숫자로 말한다.

나는 테드(TED, 세계적으로 유명한 사람들이 하는 짧은 강연)로 영어 공부를 했기에 수없이 많은 테드 강연을 봤다. 그중 대부분의 인기 있는 강연은 모두 위의 3가지 법칙을 지키고 있었다. 이 법칙만 잘 지키면 내 말이 훨씬 잘 전달된다. 하나씩 파헤쳐 보자.

상대방의 언어로 말한다

학창 시절에 교수님의 수업을 들으며 딴 나라 이야기 같다고 느낀 적이 있었을 것이다. 그런데 교수님들은 왜 그렇게 어려운 말을 많이 쓸까? 공부도 많이 하고 글도 많이 썼으니 말도 잘할 것 같은데, 왜 우리는 교수님들의 말을 이해하지 못하는 걸까? 이유는 딱 하나다. 대부분의 교수님들은 '지식의 저주'에 걸려 있기 때문이다. 교수님들이 우리를 너무 대단한 학생으로 여기는 덕분에 우리는 수업 때마다 꾸벅꾸벅 졸 수밖에 없었다.

그런데 '지식의 저주'는 교수님들만 걸리는 게 아니다. 지금 이 책을 읽고 있는 당신도 '아니, 이것도 몰라?'라고 생각한 적이 있다면 자신도 모르게 지식의 저주에 걸려 있을지도 모른다. 이러한 '지식의 저주'를 해결하는 방법은 의외로 간단하다. 다음 하나의 문장만 기억하면 된다.

'비유를 사용한다.'

유튜브 라이브 방송을 준비할 때 해상도를 1080p와 720p 중 하나를 골라야 했다. 나는 당연히 높은 숫자가 좋다고 1080p를 선택했는데, 학생 중 한 명이 720p로 해도 괜찮다고 했다. 왜 그러냐고 물어보니 이렇게 답했다.

"라이브 방송은 주로 스마트폰이나 컴퓨터 모니터로 봐요. 여기서 문제는 소프트웨어에서 1080p의 고해상도로 잡아도, 하드웨어에서 그 해상도를 소화해 낼 만한 디스플레이가 아니면 고해상도로 송출해도 보는 사람은 어차피 스마트폰이나 컴퓨터 모니터의 해상도인 720p로 볼 수밖에 없어요."

이 말을 듣고 "어…?"라고 하신 분이 있다면 악수를 나누고 싶다. 이 말을 처음 들었을 때의 내 반응이었다. 어떤 분은 "이 쉬운 게 왜 이해가 안 돼?"라고 할 수 있겠지만 나는 정말 여러 번 다시 설명을 들어야 했다. 이걸 이렇게 설명해줬다면 어땠을까?

"원두가 아무리 좋아도 커피머신이 못 따라주면 맛은 결국 비슷할 수밖에 없어요. 선생님이 1080p라는 좋은 원두를 가져다줘도 학생들의 커피머신인 스마트폰으로는 720p로 보이기 때문에 720p로 송출해도 화질의 차이가 크지 않아요."

나에게 쉬운 단어도 남들에게는 굉장히 어려운 단어일 수 있다. 영어 선생님들에게 분사, 현재완료, 조건절, 부정사와 같은 단어는 쉬운 단어이지만 배우는 학생들에게는 영어를 포기하게 만드는 단어다. 그래서 나는 항상 이런 표현들을 상대방이 아는 단어로 바꾸려고 노력했다. 형용사는 꾸며주는 성질이 있기에 화장품이라 가르치고, 과거완료는 시간의 순서를 결정해 주는 판사라고 가르친다. 이런 걸 우리는 '비유'라고 한다. 비유는 최고의 말하기 기술 중 하나이다. 말을 잘하는 사람들은 항상 상대방이 이해하기 쉬운 비유를 들어서 설명한다. 다음은 내가 좋아하는 비유의 예시들이다.

- 자존감은 온도계와 같습니다. 주변이 따뜻하면 온도가 오르듯이 따뜻한 사람들을 주변에 두면 자존감이 올라갑니다.
- 행복은 아이스크림입니다. 달콤하지만 금방 녹기 때문이죠. 그래서 아이스크림은 자주 꺼내 먹어야 합니다.
- SNS는 고속도로입니다. 비포장도로보다 훨씬 쉽고 편리하게 당신에게 다가올 수 있게 해줍니다.

짧고 간결하게 말한다

"말을 하다 보면 제가 무슨 말을 하고 있는지, 그리고 어떻게 마무리를 지어야 할지 모르겠어요"라는 말을 자주 듣는다. 그럴 때마다 항상 이렇게 조언한다.

"말을 짧게 하려고 노력해 보세요."

당신은 이미 브랜드입니다

말은 일하는 시간과 같다. 짧을수록 좋다는 것이다. 물론 때로는 길게 말해야 하는 경우도 분명 있다. 그러나 보통의 경우는 짧게 끊어서 말하는 연습을 하는 것이 좋다.

"A는 B입니다." 이 형태가 가장 깔끔하다. 그리고 짧게 말하기 위해서는 항상 내가 말하려는 주제가 무엇인지 미리 생각해 보는 습관을 들여야 한다.

"A는 지금 시대에 가장 중요하고, MZ세대들이 주 소비층이 되고 있는 시대에는 위아래 격을 두지 않은 꼰대스러움이 없는 스토리텔링이 공감이 됩니다. 그러기에 B를 해야 합니다."

무슨 말인지 이해하겠는가? 글을 쓰면서도 '내가 대체 무슨 말을 하는 것인가' 싶었다. 그런데 이렇게 말하는 사람들이 생각보다 많다. 이때는 생각을 미리 정리한 후 결론부터 짧게 먼저 말하고 설명을 연결하면 훨씬 더 쉽게 이해된다.

"A는 B입니다. MZ세대에게는 꼰대스러움 없는 스토리텔링이 공감을 사기 때문입니다."

이처럼 간결하게 표현하면 말하는 사람이나 듣는 사람 모두 편안함을 느낀다. 처음부터 이야기의 주제가 명확하게 제시되었기 때문이다. 그래서 처음에 주제를 먼저 제시하는 것으로 이야기를 시작하는 것이 좋다.

- 오늘 제가 말씀드릴 것은 퍼스널 브랜딩을 잘하는 법입니다. ～
- 요가는 필라테스와 다릅니다. 그 차이점을 말해 보겠습니다. ～
- 하루에 물 2ℓ를 마시는 게 좋습니다. 이유를 알아볼까요? ～

그리고 이야기를 마칠 때 이 말을 그대로 써도 된다.

- ～ 이상 퍼스널 브랜딩을 잘하는 법이었습니다.
- ～ 이렇기 때문에 요가는 필라테스와 다릅니다.
- ～ 이것이 바로 하루에 물 2ℓ를 마셔야 하는 이유입니다.

지금 내가 말하는 모습을 한번 촬영해 보자. 그리고 영상을 보며 필요 없다고 생각되는 부분을 잘라내고 내용을 정리해 다시 한번 촬영해 보자. 딱 두 번의 촬영만으로도 내 말이 훨씬 잘 전달된다는 것을 느낄 수 있을 것이다.

숫자로 말한다

말을 잘하는 사람들은 여러 가지 도구를 활용한다. 그중 가장 쉽고 효과적인 것이 '숫자'이다. 내가 가장 많이 활용하는 방법이기도 하다. 앞에서도 말 잘하는 사람들은 '3가지' 법칙을 지킨다고 하며 숫자를 이용했다. 나는 수학을 좋아하지는 않지만 숫자의 힘은 명확하게 알고 있다. 숫자만큼 분명하게 무언가를 표현할 수 있는 것도 드물다. 숫자를 이용하는 방법은 아주 간단하다.

- 오늘은 퍼스널 브랜딩에서 기억해야 할 딱 한 가지를 말씀드리겠습니다.
- 유튜브를 잘하기 위해서는 기억해야 할 3가지 단어가 있습니다.
- 인기 있는 사람들은 다음 7가지를 잘 지킨다고 합니다.

숫자가 강력한 이유는 궁금증을 자아내서 계속 듣고 싶게 만들기 때문이다. 지금 분명 누군가는 '그래서 인기 있는 사람들이 지키는 7가지가 뭐지?'라고 머릿속에 떠올렸을 것이다. 특히 이러한 숫자를 즐겨 활용한 사람이 바로 스티브 잡스였다. 그는 특히 숫자 3을 좋아해 항상 예시도 3가지를 들었다. 그의 스탠퍼드 대학교 졸업식 연설은 14분이나 될 정도로 길지만 사람들은 그의 이야기를 끝까지 듣게 된다. 그 이유는 그가 하고 싶은 이야기가 3가지라고 미리 밝혔기 때문이다.

"오늘 저는 저의 3가지 인생 스토리를 말씀드리겠습니다. 그게 전부입니다(Today, I'm going to tell you 3 stories about my life. That's it)."

'상대방의 언어로 말한다' '짧고 간결하게 말한다' '숫자로 말한다' 이 3가지 법칙만 잘 기억하고 조금만 의식적으로 연습해 보자. 생각보다 금방 말하는 실력이 향상된 나를 볼 수 있을 것이다. 말 잘하는 사람은 타고나는 것이 아니다. 중요한 것은 의식적인 연습이다. 당신은 이미 달변가의 자질을 충분히 가지고 있다.

'상대방의 언어로 말한다'
'짧고 간결하게 말한다'
'숫자로 말한다'
말 잘하는 사람은
타고나는 것이 아니다.
중요한 것은 의식적인 연습이다.
당신은 이미 달변가의 자질을
충분히 가지고 있다.

인기 있는 사람들의
비밀은 '의사소통'에 있다

미국의 유명 저널리스트이며 작가이자 대중연설가인 셀레스트 헤들리(Celeste Headlee)는 강연에서 이렇게 말했다.

"저는 그 어떤 사람을 만나도 금방 재미있게 대화에 빠져들 수 있습니다."

그녀의 테드 강연 <더 나은 의사소통을 할 수 있는 10가지 방법 (10 ways to have a better conversation)>은 1,200만이 넘는 조회 수를 달성했다. 그 10가지 방법은 다음과 같다.

1) 이야기에만 집중하라(Don't multitask).

2) 자신의 의견만 옳다고 생각하지 마라(Don't pontificate).

3) 열린 질문을 하라(Use open-ended question).

당신은 이미 브랜드입니다

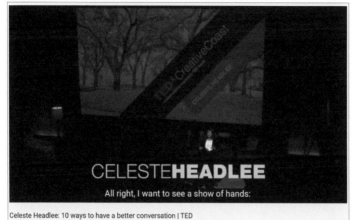

Celeste Headlee: 10 ways to have a better conversation | TED

4) 대화의 흐름에 집중하라(Go with the flow).

5) 모르면 모른다고 하라(If you don't know, say that you don't know).

6) 당신의 경험을 다른 사람의 경험과 동일시하지 마라(Don't equate your experience with theirs).

7) 자신의 말만 꺼내려 하지 마라(Try not to repeat yourself).

8) 세부적인 정보에 집착하지 마라(Stay out of the weeds).

9) 경청하라(Listen).

10) 간결하게 말하라(Be brief).

한국어 자막으로도 볼 수 있으니 꼭 한 번 시청하기를 권한다. 영상을 볼 시간이 없다면 가장 강조하는 한 가지만 기억하자. 바로

'경청하라(Listen)'이다.

말 잘하는 법을 계속 이야기하고 있지만 말을 잘하기 위해서는 가장 중요한 것이 '듣기'다. 결국 잘 듣는 사람이 말도 잘한다. 상대방의 이야기를 잘 들어야 속 깊은 대화를 나눌 수 있고, 강연가의 강연을 잘 들어야 나중에 그 사람처럼 강연을 할 수 있다. 평소에 말을 잘하기보다 잘 들어주는 편이라고(보통 내향적인 사람인 경우가 많다) 생각한다면 정말 멋진 재능을 가졌다고 생각해도 좋다. 잘 듣는 것만으로도 상대방에게 최고의 찬사를 보내고 있는 것이다.

결국 말을 잘하는 방법은 잘 듣고 잘 관찰해서 상대방이 듣고 싶어 하는 내용을 알아내고, 내가 전달하고 싶은 내용을 소리 내어 말해 보는 것이다. 나도 연습을 통해 여기까지 왔다. 이제는 이 책을 읽는 당신 차례다. 우리 모두는 이미 달변가이다.

마지막으로 셀레스트 헤들리가 강연을 끝내면서 했던 말로 마무리하고 싶다.

"자, 가세요. 사람들과 대화를 하세요. 고개를 끄덕이며 경청하세요. 그리고 무엇보다 '와' 하고 놀랄 준비를 하세요(Go out. Talk to people. Listen to people and most importantly be prepared to be amazed)."

당신은 이미 브랜드입니다

세 번째 도구

SNS 활용하기

어떤 SNS부터 해야 할까?

SNS는 인생의 낭비다?

내가 군대를 전역하고 복학했을 때는 페이스북의 인기가 폭발하던 시기였다. 군대 싸지방(군대 내의 PC방이라고 보면 된다)에서 싸이월드나 하던 내게 페이스북은 너무나 신선한 세계였다. 실시간으로 달리는 '좋아요'와 '댓글'은 자꾸 내 시선을 빼앗았고, 나는 페이스북에서 눈을 떼지 못했다. 내가 한창 페이스북에 빠져 있을 때 옆에 있던 선배가 이렇게 말했다.

"그런 걸 뭐하러 해? SNS는 인생의 낭비야."

틀린 말은 아니었다. 하루 2 ~ 3시간은 SNS를 하고 있었고, 자꾸 울리는 알람은 나의 집중력을 무너뜨리고 해야 할 일을 방해했다.

당신은 이미 브랜드입니다

SNS에는 분명 도움이 되는 정보들도 있었지만 눈을 찌푸리게 하는 자극적인 내용도 굉장히 많았다. 또 왜 그렇게 댓글로 서로를 공격하고 싸우는지, 싸움 구경하다 싸움을 하기도 하고 점점 나 자신을 이상한 방향으로 갉아먹고 있었다. '스마트폰 중독'이라는 말은 다른 말로 'SNS 중독'일 것이다. 그렇기에 SNS는 인생의 낭비라는 말에도 분명 일리가 있다. 하지만 SNS는 정말 낭비이기만 한 걸까?

지금이 돈 벌기 가장 좋은 시대인 이유

우리 부모님은 돈을 많이 벌지 못했다. 만화책 대여점을 하셨는데, 하루 12시간 정도 일해서 30만 원 정도의 매출을 올렸다. 그럼 '한 달에 900만 원 정도 버는 거 아니에요?'라고 생각할 수 있다. 문제는 마진율이 25%였다는 것이다. 월 300시간 넘게 일해서 225만 원을 번 것이다. 한마디로 시간당 1만 원을 넘지 못했다. 그런 부모님을 보면서 나는 자연스럽게 '최저시급이 만 원만 되는 사람이 되자'는 생각을 했다.

그랬던 내가 지금은 유튜브 수익만으로 웬만한 대기업 사원의 월급만큼 벌고 있다. 내가 쉬거나, 놀거나, 제주도 한 달 살기를 할 때도 유튜브는 계속 나에게 돈을 벌어다 주었다. 또한 블로그를 보고 여러 가지 협업 제안도 들어왔다. 그렇게 나는 블로그를 통해 책을 출간하고, 방송에 나가고, 강연을 했다. 내 블로그를 통해 들어온 제안이니 당연히 중개수수료는 나가지 않는다.

"내가 20년만 일찍 태어났어도 지금 나이에 이만큼 돈을 벌 수 없었을 거야."

내가 주변 사람들이나 학생들에게 자주 하는 말이다. 운 좋게도 나는 SNS를 활용하기 너무 좋은 시대에 태어났다. 물론 SNS의 부작용도 있겠지만 SNS를 제대로 활용하면 내 인생을 놀라울 정도로 바꿔줄 아주 강력한 무기가 된다. 원자력을 잘못 다루면 사람을 해치는 아주 위험한 무기가 되지만 제대로만 다루면 수많은 사람들이 따뜻한 겨울을 보낼 수 있는 전기를 공급하지 않는가. 문제는 SNS 자체가 아니라 어떻게 다루느냐 하는 것이다. 우리는 SNS를 잘 다룰 줄 아는 사람이 되어야 한다.

페이스북, 유튜브, 인스타그램, 블로그?

그럼 어떤 SNS부터 하는 것이 좋을까? 가장 쉬운 답은 모두 다 해보는 것이다. 각각의 채널은 나름의 분명한 특징이 있기 때문에 사람마다 어울리는 채널이 제각기 다르다. 나의 유튜브 구독자는

33만 명을 넘는다. 블로그는 특별히 글을 올리지 않아도 한 달에 2만 명 넘게 방문한다. 그러나 인스타그램의 팔로워는 7천 명이 채 안 된다. 이를 보면 나는 사진보다는 글과 영상에 더 잘 맞는 성격이다.

개인적으로 나는 블로그로 시작해 유튜브까지 나아가는 것이 좋다고 생각한다. 글로 시작해 말로 끝나는 것이다. 이제부터 나의 블로그와 유튜브의 시작부터 성장할 수 있었던 비결을 이야기할 것이다. 물론 내가 제시하는 순서대로 따라 할 필요는 없다. 순서보다 중요한 것은 직접 경험해 보는 것이다. 글을 쓰고, 사진을 포스팅하고, 영상을 업로드해 보는 것이다. 반드시 직접 해봐야 한다.

여기서 특히 강조하고 싶은 것은 개인적인 기록을 위한 SNS가 아니라 남에게 보여주기 위한 SNS여야 한다는 것이다. 지금까지 개인적인 기록용으로 블로그에 비공개 글을 올렸다면 그것은 SNS를 한 것이 아니다. 끊어진 다리는 다리의 역할을 하지 못한다. 서로에게 연결될 때 비로소 우리는 SNS를 한다고 말할 수 있다.

물론 SNS는 기록을 남기는 것만으로도 굉장히 의미가 있다. 나역시 SNS를 하면서 나중에 내 자녀들이 아빠의 젊었을 때 모습과 생각들을 보고 읽는 상상을 한다. 그럴 때면 입가에 미소가 저절로 번진다. 그런 점에서 SNS는 인생의 낭비가 아니다. 나라는 소중한 사람의 기록을 남기는 이정표이다. 심지어 누군가는 이 이정표를 보고 방향을 잡기도 한다. SNS는 방법을 제대로 알고 꾸준히 하면 자신의 성장에 도움이 된다. 이제부터 그 방법을 알아보자.

블로그의 모든 것

우선 시작이 중요하다

나의 SNS는 네이버 블로그부터 시작되었다. 영어 강사가 되기 전까지는 '패션'을 주제로 조금씩 블로그 활동을 하다가 이후에는 가끔 내 생각을 적은 글만 올렸다.

그러다 2018년부터 본격적으로 블로그를 해야겠다고 마음먹었다. 여기에는 2가지 계기가 있었다. 하나는 《타이탄의 도구들》(팀 페리스)이라는 책이었고, 또 하나는 미국의 동기부여 전문가 '게리비(게리 바이너척)'의 영향이었다. 《타이탄의 도구들》에서 성공한 사람들은 하나같이 글을 쓰고, 기록하고, 블로그를 한다고 강조했다. 그리고 게리비는 라이브 방송이나 강연에서 고민은 그만하고 지금 당장 블로그에 글을 올리라고 욕까지 섞어가며 강조했다.

전 세계에서 가장 유명한 사람들이 이렇게 확신을 가지고 말하니 '그래 제대로 한번 해보자!'는 마음으로 남에게 보여주기 위한 블로그를 시작하게 되었다. 그리고 당시 내가 전달할 수 있는 가장 유익한 정보는 영어였기에 '영어 포스팅'으로 방향을 잡았다.

첫 포스팅을 할 때 고민이 엄청 많았다. 폰트는 뭐가 좋을지, 글자 크기는 괜찮은지, 글자 색은 어떤 것이 좋을지, 이미지는 어떤 걸 사용할지, 문단은 어떻게 나눌지, 해시태그는 무엇을 달아야 할지 등 수많은 요소들이 내 발목을 잡았다. 그래서 나는 블로그를 시작하기 어렵다는 사람들의 마음을 충분히 이해한다. 고작 글 하

바로 써먹는 영어

일상에서 쓰이는 영어 회화 30일! 1일차 '인사!'

달변가 영쌤   2018. 1. 1. 17:10   URL 복사   ㅣ↳통계   :

> "
> 영어는 언어다.
> "

영어는 언어죠. 그래서 단어를 외우고 정확한 문법을 정확히 발음하는 것도 중요하지만 그만큼이나 혹은 그 이상으로 언어를 대하는 즉, 상대방을 대하는 태도도 중요하다고 생각합니다. 그러한 태도가 상상 이상의 놀라운 결과를 가져다줄 수도 있죠.

ㅣ 나의 첫 영어 포스팅(2018년 1월 1일)

나 올리는데도 이렇게 고민해야 할 부분이 많기 때문이다. 게리비는 그런 사람들에게 "그냥 발행 버튼부터 눌러!"라고 말한다.

블로그뿐만 아니라 우리는 모든 SNS를 할 때 첫술에 배부르고 싶은 경향이 있다. 하지만 '처음부터 제대로 해야지'라는 마음은 SNS의 시작을 방해하는 가장 큰 적이다. 그래서 유료 강의를 듣고 블로그를 시작하는 사람들이 있는데, 개인적으로는 이 방법을 권하지 않는다. 일단 글을 쓰고 '발행' 버튼을 누르자. 그래야 피드백을 받을 수 있다. 글을 쓰는 것이 익숙해졌을 때 블로그나 SNS 강의를 들으면 훨씬 더 많은 내용이 와 닿는다. 그제야 강의가 제값을 하는 것이다.

"블로그를 시작하는 사람들에게 하고 싶은 말.
그냥 '발행' 버튼이나 눌러!"

어쨌든 나는 블로그에 첫 번째 글을 올린 이후로 한 달 동안 20편 넘게 포스팅을 했다. 포스팅이 쌓일수록 글을 쓰는 것이 점점 더 익숙해지고, 문장도 점점 깔끔해졌다. 1년 정도 꾸준히 하다 보니 어느새 200편이 넘는 글이 블로그에 쌓였다. 200편은 일주일에 하나씩 포스팅할 경우 4년이 걸리는 분량이다. 그 글들은 아직도 내 블로그에 남아 있고, 여전히 많은 사람들이 읽고 공부한다.

글 제목	조회수	작성일
일상에서 쓰이는 영어 회화 30일! 20일차 '질문은 의사소통의 시작이다! 질문을 하자.'	910	2018. 1. 23.
일상에서 쓰이는 영어 회화 30일! 19일차 '술 마실 때 쓸 몇 가지 유용한 표현들'	1,094	2018. 1. 22.
일상에서 쓰이는 영어 회화 30일! 18일차 'Get을 사용해서 영어를 쉽게 해보자!'	863	2018. 1. 20.
일상에서 쓰이는 영어 회화 30일! 17일차 'Get만 잘 쓰면 영어는 쉽다. get 사용법' (11)	1,104	2018. 1. 19.
일상에서 쓰이는 영어 회화 30일! 16일차 '익숙하지 않아요.' (1)	875	2018. 1. 17.
일상에서 쓰이는 영어 회화 30일! 15일차 '참을 수가 없다'	1,056	2018. 1. 16.
일상에서 쓰이는 영어 회화 30일! 14일차 '생각이 안 나' (1)	1,371	2018. 1. 15.
일상에서 쓰이는 영어 회화 30일! 13일차 '나도 할래! 나도 갈래!'	870	2018. 1. 13.
일상에서 쓰이는 영어 회화 30일! 12일차 '얼어 죽을 거 같아'	1,242	2018. 1. 12.
일상에서 쓰이는 영어 회화 30일! 11일차 '내가 잘하는 것' (5)	815	2018. 1. 11.
일상에서 쓰이는 영어 회화 30일! 10일차 '교환 할래요! 쇼핑 영어! (1)	2,145	2018. 1. 10.
일상에서 쓰이는 영어 회화 30일! 9일차 '셔츠 좀 보려고요.' 쇼핑 영어! (1)	898	2018. 1. 9.
일상에서 쓰이는 영어 회화 30일! 8일차 '기침 나고 목이 아파요.'	2,204	2018. 1. 8.
일상에서 쓰이는 영어 회화 30일! 7일차 '너 맘 다 알아'	1,209	2018. 1. 7.
일상에서 쓰이는 영어 회화 30일! 6일차 '우연이다!'	1,075	2018. 1. 7.

글관리 열기   15줄 보기 ∨

한 달 동안 꾸준히 쓴 글. 이때 글쓰기 근육을 조금씩 키웠다.

'달변가 영쌤'이라는 브랜드는 오늘도 사람들에게 계속 퍼지고 있는 중이다.

네이버 알고리즘 C-rank와 D.I.A 로직

블로그 강의를 들어보면 네이버의 알고리즘이 중요하다고 말한다. 하지만 내 경험에 따르면 꼭 그렇지만은 않다. 이건 모든 SNS

활동에서 공통적으로 강조하고 싶은 부분이다. SNS를 할 때 실패하는 가장 확실한 방법은 로직부터 공부하는 것이다. 물론 나도 C-rank가 뭔지 D.I.A 로직이 뭔지 공부하고 관련 글을 포스팅하기도 했다. 하지만 이러한 알고리즘은 내 블로그에 하루 천 명 이상 방문할 때 공부한 것이지, 블로그를 시작하면서 처음부터 이 로직들을 염두에 두고 글을 쓴 것은 아니다. 로직을 고려하면서 쓰다 보면 글이 이상해진다. 빵집은 빵이 맛있어야 하는데, 자꾸 간판만 바꾸는 것과 같다. 정말 중요한 것은 따로 있는데 자꾸 뒷전으로 밀려난다.

나는 블로그에서 가장 중요한 것은 '사람'이라고 생각한다. 나의 블로그를 방문해 줄 사람 말이다. 그 사람들을 생각하며 글을 쓰면 된다. C-rank와 D.I.A 로직은 이러한 사람들이 좋아하는 게 뭔지를 시스템화하는 것일 뿐이다.

C-rank는 쉽게 말하면 남산 돈가스다. 우리는 맛있는 돈가스가 먹고 싶을 때 김밥천국보다 남산 돈가스를 간다. 이유는 단순하다. 역사가 오래된 돈가스 전문 식당이기 때문이다. C-rank는 하나의 주제로 꾸준히 글을 올린 블로그에 높은 점수를 주어 해당 키워드로 검색했을 때 상위에 뜨게 하는 것이다.

D.I.A 로직은 쉽게 말하면 백종원의 <골목식당>이다. 잘 알려지지 않았고 역사가 깊지 않아도 정말 맛있는 음식을 먹을 수 있는

C-rank	D.I.A 로직
블로그의 품질	글의 품질
특정 주제에 맞게 많은 글을 올렸는지가 중요	하나의 글 자체가 전문성과 수준을 갖췄는지가 중요

식당을 알려준다. 연돈 돈가스는 유명한 돈가스 집이 아니었지만 돈가스가 기가 막힐 정도로 맛있었기 때문에 결국 백종원에게 인정받아 유명세를 타게 됐다. 많은 글을 올리지 않은 블로그라도 글 하나의 품질이 괜찮다면 이 역시 높은 점수를 주어 검색 결과 상위에 올려준다.

결국 특정 주제로 글을 많이, 잘 쓰면 된다. 사람들이 그런 글을 좋아하고 블로그를 찾아오기 때문이다. 그런데 이 문장을 다시 한 번 살펴보자.

'특정 주제로 글을 많이, 잘 쓰면 된다.'

너무 당연한 말 아닌가? 블로그 활동에 무슨 특별한 비밀이 있는 것처럼 말하지만 블로그는 그저 글을 써서 올리고 사람들이 읽는 하나의 플랫폼일 뿐이다. 결국 사람들이 좋아할 만한 블로그는 네이버의 로직이 알아서 추천해 준다. 더 쉽게 말하면 내가 검색해

당신은 이미 브랜드입니다

서 들어가는 블로그는 이미 그것을 잘 지키고 있는 셈이다.

블로그를 이용하는 사람의 입장에서 어떤 단어(키워드)를 검색하고 싶을지, 검색하고 들어왔을 때 어떤 내용이 있으면 좋을지, 그 내용이 도움이 될 만한 것인지 등을 충분히 고민하는 것만으로도 좋은 글을 쓸 수 있다. 블로그에서 좋은 글이란 포스팅을 읽는 사람에게 어떤 방향으로든 유익함을 줄 수 있는 글이다. 좋은 블로그 글은 보통 다음과 같은 특징을 가지고 있다.

- 내가 원하는 키워드가 제목이나 첫 문단에 들어가 있다.
- 제목과 첫 문단을 읽고 어떤 정보를 얻을지 알 수 있다.
- 문단이 깔끔하게 잘 나눠져 있어 가독성이 좋다.
- 내가 얻고자 하는 정보가 명확하게 명시되어 있다.
- 개인의 경험과 의견이 포함되어 있다.
- 블로그 배경과 프로필만 봐도 전문성을 알 수 있다.

반대로 생각하면 다른 사람의 블로그를 볼 때 '뒤로가기' 버튼을 누르는 글들을 살펴보는 것도 좋다. 쓸데없이 글이 길고, 문단이 나눠져 있지 않아 가독성이 떨어지고, 결론을 빙빙 돌려서 말하고, 이모티콘을 너무 많이 쓰는 글은 피하게 된다. 요즘 사람들은 짧은 글을 더 좋아한다. 화려한 표현을 구사하는 것보다 핵심만 간결하게 쓴 글이 더 환영받는다. 이런 글은 쓰는 사람의 입장에서도 훨씬 더 편하다. 참고로 안 좋은 블로그 글은 다음과 같은 특징을 가지고 있다.

- 내가 원하는 키워드가 제목이나 첫 문단에 없다.
- 문단이 제대로 나눠져 있지 않아 가독성이 떨어진다.
- 정확히 무슨 정보를 전달하는지 알 수 없다.
- 개인의 경험과 의견이 없다.
- 블로그 배경과 프로필을 봐도 어떤 사람인지 알 수 없다.
- 길게 쓰기는 했지만 쓸데없는 내용이 많다.

이렇게 보면 정말 당연한 말을 하는 것 같지만 이 당연한 것들을 제대로 지키지 못하는 블로그가 의외로 많다. 이것만 지켜도 블로그뿐만 아니라 모든 SNS를 제대로 활용할 수 있고, '나'라는 브랜드는 알아서 성장하게 된다.

블로그를 잘하기 위한 3가지 습관

블로그를 잘하기 위해서는 다음 3가지 습관이 필요하다.

① '내가 만약 검색을 한다면?'이라는 고민을 자주 해보기
② 내가 검색해서 들어간 블로그의 제목과 첫 문단을 유심히 보고 따라
  써보기
③ 롤모델로 삼을 블로그를 찾아 비슷하게 따라 써보기

1) '내가 만약 검색을 한다면?'이라는 고민을 자주 해보기

블로그를 하기 쉬운 이유는 이미 좋은 참고자료가 수도 없이 많기 때문이다. 이 책을 읽는 10명 중 9명은 검색을 하다 블로그에 들어간 경험이 있을 것이다. 그때 내가 어떤 검색어를 입력했는지, 왜 이 블로그에 들어오게 되었는지, 블로그를 읽고 원하는 정보를 얻었는지, '뒤로가기' 버튼은 왜 누르게 되었는지를 생각해 보자. 이를 참고해 '내가 만약 검색을 한다면 어떤 제목과 어떤 내용의 블로그를 좋아할까?'라는 고민을 자주 해보면 좋은 글을 쓰는 데 도움이 된다. 이것이 바로 내 블로그를 찾아올 사람들을 위한 고민이기 때문이다.

2) 내가 검색해서 들어간 블로그의 제목과 첫 문단을 유심히
   보고 따라 써보기

블로그에서 제목과 첫 문단은 매우 중요하다. 대부분의 사람들은 제목을 보고 클릭하고, 첫 문단에서 이미 계속 읽어야 할지를

결정한다. 제목이 마음에 들지 않으면 당연히 블로그에 들어올 일도 없을 것이고, 첫 문단부터 와 닿는 내용이 없다면 나머지 글은 더 이상 읽지 않을 것이다. 따라서 내가 몇 시간을 공들여 열심히 쓴 글을 사람들이 읽게 하려면 제목과 첫 문단을 어떻게 쓸지 더 많은 고민을 해야 한다. 제목은 블로그뿐만 아니라 유튜브에서도 굉장히 중요한 역할을 한다. 블로그에서 미리 연습해 두면 유튜브를 할 때 분명 도움이 된다. 내 유튜브도 그렇게 성장했다.

3) 롤모델로 삼을 블로그를 찾아 비슷하게 따라 써보기

이미 블로그를 잘하고 있는 사람들은 무척 많다. 내가 검색해 들어간 블로그의 글이 잘 쓰여졌다고 생각되면 그와 비슷하게 써 보자. 어떤 형식으로 쓰여졌는지, 제목은 어떻게 뽑았는지, 문단은 어떻게 나눴는지 참고해 보는 것이다. 작가들이 필사를 통해 필력을 키우듯 롤모델이 될 만한 블로그를 찾아 벤치마킹해 보자.

이러한 습관을 들이며 글쓰기 실력을 키워나가다 보면 어느새 Today 100 이상이 찍혀 있을 것이다. 생각보다 훨씬 빠르게 이루어 낼지도 모른다. Today 100은 블로그에서 굉장히 상징적인 의미가 있다. 누구나 이룰 수 있는 것이 아니기 때문이다.

당신은 이미 브랜드입니다

남에게 보여주기 위한 글 vs 나를 위한 글

"저는 이미 블로그에 글을 쓰고 있어요. 일기 쓰듯이 하고 있는데 이렇게만 쓰면 안 될까요?"

블로그 강의를 했을 때 한 학생이 물어본 것이다. 이 질문에 공감하고 고개를 끄덕이는 사람들이 많을 것이다. 일기를 쓰듯이 블로그를 쓰면 안 되는 것일까?

앞에서도 이야기했지만 모든 기록은 의미가 있다. 남들 신경 쓰지 않고 나의 일상을 기억하기 위해 쓰는 글도 분명 소중하고 가치가 있다. 더구나 나를 위한 글쓰기는 굉장히 쉽다. 다른 사람에게 보여줘야 하는 글이 아니기 때문에 특별히 신경 쓸 필요가 없으니 글쓰기 연습을 하기에도 좋고, 그렇게 기록된 추억을 시간이 지나서 다시 꺼내 보면 저절로 미소가 지어진다.

그럼에도 우리는 '남을 위한 글쓰기'를 위해 노력해야 한다. 평소에 공부해서 쌓은 지식을 잘 녹여내 좋은 콘텐츠를 만들고, 이를 잘 전달하기 위해 좋은 제목을 뽑아내야 한다. 물론 남을 위한 글쓰기는 어렵다. 하지만 남을 위한 글쓰기는 나를 위한 글쓰기에 비해 익숙하지 않을 뿐이다. 그리고 어려운 만큼 충분한 가치가 있다. 그러니 꾸준히 글을 써보는 것이 최고의 방법이다.

거창하게 시작하려고 하지 말자. 내가 알고 있는 지식과 정보

를 글로 쓰면 된다. 아주 사소한 것부터 남을 위한 글쓰기를 연습
해 보는 것이다. 예를 들면 이런 것들이다.

- 다 쓴 의자(가구) 버리는 법
- 화이트데이 선물 추천 Top 5
- 봄맞이 겨울옷 정리하는 법
- 망고와 딸기 보관법

지금 나에게 필요하지만 잘 모르는 것들을 제목으로 써보았다.
이 책을 읽는 누군가는 분명 이러한 정보를 알고 있을 것이다. 이
처럼 내가 알고 있는 것부터 시작하는 것이 좋다. 물론 블로그를
제대로 하고 싶다면 내가 전달할 핵심 주제를 선정해 그와 관련된
글을 써야 한다. 그러나 아직 내가 뭘 전달하고 싶은지 모르겠다면
내가 알고 있는 지식부터 글로 써보는 것이다.

누군가는 당신의 글에 도움을 받아 더 나은 인생을 살게 될지
도 모른다. 내가 쓰는 글이 세상을 조금 더 살기 좋게 만들 수도 있
다. 이제부터라도 남을 위한 글쓰기를 시작해 보자.

당신은 이미 브랜드입니다

"

블로그를 시작하는 사람들에게
하고 싶은 말.

"그냥 '발행' 버튼이나 눌러!"

"

블로그가 가져다주는 3가지 장점

블로그는 가장 오래된 SNS 중 하나다. 유튜브가 등장하기 전부터 우리는 블로그에 글을 올렸고, 블로그에서 많은 정보를 얻었다. 소개팅을 하기 전에 '소개팅 맛집 추천'이라는 문구를 한 번쯤은 검색해 봤을 것이다. 그러면 관련 블로그들이 나오고, 누군가가 즐겁게 소개팅한 경험담들이 게시되어 있다. 나 역시 이곳에서 소개팅을 하면 성공할 것 같은 기분이 들어 식당을 예약한다. 유튜브가 대세인 지금도 글은 여전히 강력한 힘을 발휘한다. 블로그의 시대가 끝났다고 말하는 사람들도 있지만 우리는 오늘도 블로그에서 정보를 얻는다.

당신은 이미 브랜드입니다

글의 힘은 여전히 강력하다

블로그로 SNS를 시작하면 여러 가지 장점이 있다. 그중 가장 좋은 점은 바로 글쓰기 실력이 향상된다는 것이다. 글은 모든 SNS를 하는 데 있어 가장 기본이 되는 요소이다. 영상도 결국 대본(글)을 기반으로 하고, 사진을 올릴 때도 글을 적는다. 그래서 나는 사람들에게 항상 블로그부터 시작하라고 추천한다.

글만 잘 써도 굶어 죽을 일이 없고, 더 나아가 생각지도 못한 기회를 얻을 수도 있다. 세계에서 가장 영향력 있는 베스트셀러 작가이자 강연가인 세스 고딘(Seth Godin)은 2006년부터 꾸준히 블로그를 했다고 한다. 그가 쓴 글은 점점 사람들의 반응을 얻게 되었고, 이 글들을 묶어 책으로 펴내면 사람들이 열광하며 구매했다. 그렇게 그가 쓴 책만 해도 18권이 넘고, 팬들의 호응에 힘입어 대부분 베스트셀러가 되었다.

글을 쓰다 보면 내 생각을 표현하는 법과 사람들에게 필요한 것을 전달하는 법을 익힐 수 있다. 내가 누군지 알려줄 수 있고, 사람들에게 필요한 것을 줄 수 있다면 경제적 자유는 더 이상 허황된 꿈이 아니다.

블로그는 나만의 포트폴리오가 된다

무엇보다 가장 큰 장점은 블로그 자체가 나만의 포트폴리오가 된다는 것이다. 잘 관리된 블로그는 웬만한 이력서를 대체할 수도 있다. 이 책도 출판사에서 내 블로그를 보고 출간 제의를 한 것이다. 나에게 협업을 제안한 수많은 업체들도 블로그를 먼저 보고 나를 찾아왔다. 내가 잠을 자고 있는 동안에도 블로그는 내 이력서 역할을 하며 사람들에게 나를 알린다. '나'라는 브랜드의 전광판이 우리나라 방방곡곡에 365일 24시간 켜져 있는 것이다. 비용은 평생 무료이며, 얻는 혜택은 무한정이다.

블로그를 잘하면 말도 잘하게 된다

말하기 실력이 느는 것은 두말할 필요도 없다. 글로 내 생각을 잘 전달하기 위해서는 내가 알고 있는 지식들을 잘 녹여내야 한다. 이 과정에서 지식은 내 머릿속에 더 오래 남게 되고, 이는 말로 소통할 때도 아주 좋은 재료가 된다. 실제로 강의를 할 때 블로그에 포스팅했던 내용은 가르치기가 훨씬 편하다. PPT 화면을 보지 않아도 내용이 머릿속에 저절로 그려져서 강의에 더욱 집중할 수 있다. 그래서 강의하는 사람이라면 특히 더 많은 글을 써봐야 한다.

내 유튜브에 있는 수많은 영상들도 내가 블로그에 써놓았던 글을 말로 풀어낸 것들이다. 이미 글로 정리해 놓으니 말로 꺼내기가 훨씬 쉬웠다. 대본을 만들어 읽기만 해도 유튜브 한 편이 나온다. 더욱이 블로그에서 이미 사람들의 반응을 확인했으니 어떤 영상을 유튜브에 올리면 반응이 좋을지도 예측할 수 있다. 결국 블로그를 잘하면 유튜브도 잘할 수밖에 없다.

꼭 유튜브를 하기 위해서가 아니라도 글을 많이 쓰다 보면 말은 저절로 잘할 수밖에 없다. 내가 고민하고 꾹꾹 담아낸 문장들은 머릿속에 오랫동안 남아 있다. 머릿속에 있으니 자연스럽게 말로 나오는 것이다. 내가 달변가가 된 것도 그 시작은 블로그였다. 이렇게 장점이 많은 블로그를 지금 당장 시작하지 않을 이유가 없다.

블로그는 제목이 반이다

글을 쓰는 시간만큼 제목에 투자하자

이 책을 읽는 많은 사람들은 아마도 블로그나 유튜브 활동을 해본 적이 있을 것이다. 그런데 경험해 봤듯이 내 블로그나 유튜브에 사람들을 끌어들이기가 쉽지 않다. 2시간 동안 열심히 공들여 글을 쓰고 블로그에 올렸는데 방문객 수가 10일 때, 30시간 동안 열심히 공들여 영상을 만들어 유튜브에 올렸는데 조회 수가 5일 때 우리는 엄청난 좌절감을 느끼고 이내 SNS 활동을 접어버린다. 그렇게 보석 같은 콘텐츠들이 역사의 뒤안길에 묻히고 만다. 얼마나 안타까운 일인가?

결론부터 말하면 당신이 정성을 담아 만든 콘텐츠를 사람들이

당신은 이미 브랜드입니다

읽게 만들 수 있는 방법이 있다. '제목'을 바꾸는 것이다. 단 한 줄의 제목을 어떻게 만드느냐에 따라 조회 수는 10이 될 수도 있고, 10만이 될 수도 있다. 그만큼 제목이 중요하다. 나도 콘텐츠를 만든 만큼의 시간을 들여 제목을 고민한 적도 있다. 몇 번이나 제목을 수정하기도 한다.

이처럼 제목이 중요하다는 것을 알면 알수록 제목을 만들기가 훨씬 어려워진다. 하지만 다행히 누구나 따라 할 수 있는 제목을 잘 만드는 법칙이 있다. 우리의 목표는 천재적인 카피라이터가 되는 것이 아니다. 내가 고깃집을 한다면 여기가 고깃집이라는 것을 알 수 있는 간판을 다는 것처럼 그저 사람들이 찾아올 수 있도록 이정표를 걸어두는 것뿐이다. 제목은 다음 2가지만 잘 지키면 된다.

① 키워드 넣기
② 들어오고 싶게 꾸미기

블로그에서 특히 중요한 것이 제목이다. 블로그는 유튜브와 달리 이미지(섬네일)를 보고 들어오기보다 텍스트 검색으로 들어오는 플랫폼이기 때문이다. 블로그에서 제목 짓는 법을 잘 연습해 두면 유튜브, 인스타그램 등 다른 SNS에서 활동할 때도 많은 도움이 된다. 나 역시 블로그에서 먼저 제목 짓는 연습을 충분히 했기에 유튜브에서 적용하기 쉬웠다. 그리고 더 나아가 내 강의를 홍보하고, 다이어리를 만들어 팔 때도 이때의 경험들이 큰 힘을 발휘했다. 블로그에서 제목은 가장 강력한 무기가 될 수 있으니 제목 짓는 방법을 반드시 숙지하고 꾸준히 연습해 보자.

클릭을 부르는 제목을 만드는 6가지 방법

제목을 만드는 6가지 방법은 블로그뿐만 아니라 모든 SNS에 적용된다. SNS에서 제목을 만들 때 다음의 방법을 참고해 보자.

1) 숫자를 넣는다.
   - 블로그를 하기 위해 먼저 알아야 할 3가지
   - 월 1,000만 원 버는 사람들의 7가지 비밀
   - 1년 만에 연봉을 16배 높이는 프리랜서의 비법

2) 이유를 넣는다.
   - 지금 당장 부동산을 공부해야 하는 이유
   - 프리랜서가 블로그를 해야 하는 이유
   - 월 순이익 700만 원 벌던 카페를 접은 이유

당신은 이미 브랜드입니다

3) 비교한다.

- Would와 Could를 구별하는 법

- 부자 아빠와 가난한 아빠

- 일산과 분당의 아파트 값이 차이 나는 이유

4) 궁금하게 한다.

- 블로그를 한 달 동안 매일 포스팅한 결과는?

- 주식 추천 앱의 추천을 받아 산 주식의 수익률은?

- 미라클 모닝을 3개월 해봤다. 내게 생긴 놀라운 변화는?

5) 말을 걸듯이 한다.

- 내일까지 기획서를 써야 한다고 들었습니다.

- 최종 면접 전에 이거 하나만 알고 가세요.

- 당신의 자존감은 안녕하신가요?

6) 쉽다고 한다.

- 1초 만에 이해하는 관계대명사의 모든 것

- 초등학생도 시작할 수 있는 글쓰기 비법

- 평범한 사람도 시작할 수 있는 재테크 노하우

여기서 소개한 제목들은 나도 많이 활용하는 사례들이며, 어떤 카피라이팅 수업을 듣더라도 항상 나오는 내용이니 꼭 참고하기 바란다. 더불어 카피라이팅 수업을 수강하거나 관련 책을 읽어보는 것도 도움이 된다. 브랜딩을 잘한다는 것은 사람들이 좋아하는 제목을 만들 줄 안다는 말과도 같다(조금 더 다양한 예시와 설명을 보고 싶다면 다음 포스팅을 참고해 보자).

2020. 8. 11.　　　　　　　　　　　　　　　2,435 읽음

클릭하고 싶은 블로그 제목 짓는 8가지 방법 <1>
달변가 영쌤입니다. 블로그를 한참 하다 보면 생기는 고민이 있습니다. 이 글을 읽고 있는 모두가 공감할 고민이죠. 바로 블로그…

♥ 120　💬 38

나도 유튜브를 할 수 있을까?

8개월 만에 5만 구독자를 만들다

2020년 전 세계를 덮친 코로나 팬데믹은 많은 사람들에게 악몽 같은 재앙을 안겨주었고, 나 또한 예외가 아니었다. 오프라인 강의로 연명하던 나는 난생처음 '한 달 수입 0원'이라는 상황을 경험했고, 바이러스는 꺾일 기미가 보이지 않았다.

5년 넘게 강사 생활을 했지만 모아놓은 돈은 많지 않았고, 언제 다시 오프라인 강의를 열어 학생들을 모을지 알 수 없는 상황이었다. 그러던 어느 날 버스에 기대어 빗물이 창문을 타고 흐르는 모습을 멍하니 바라보다 문득 이런 생각이 들었다.

"내가 지금 수입이 0원이 되었다는 것은 분명 그만한 가치의 무언가가 생겼다는 걸 거야. 그게 뭘까?"

내 생각이 맞았다. 돈을 잃은 대신 내게는 아주 소중한 것이 생겼다. 바로 '시간'이었다. 그 시간을 활용해 평소 제대로 하지 못했던 SNS 활동을 본격적으로 해보기로 마음먹었다. 이때부터 블로그에 '영어'뿐만 아니라 '퍼스널 브랜딩' '프리랜서'와 관련된 글도 올리기 시작했다. 글을 써서 올리는 것은 그리 어렵지 않고 블로그가 나름 알려져 있었기에 사람들의 호응도 좋았다.

문제는 유튜브였다. 당시 내 유튜브 구독자는 80명 정도였다. 영상을 몇 개 올렸지만 사람들의 반응은 냉담을 넘어 아예 무관심 그 자체였다. 그때부터 나는 잘나가는 유튜브의 비밀을 본격적으로 공부하며, 이를 내 영상에 적용했다. 처음엔 당연히 어색하고 어려웠다. 그러나 정말 누구나 할 수 있는 정도의 어려움이었고 점점 유튜브에 익숙해졌다. 그렇게 내 채널에는 영상이 하나둘 쌓이기 시작했다.

그 결과 2020년 3월 구독자 80명에 불과하던 내 유튜브는 2020년 12월 31일 5만 명을 달성했고, 이 책을 쓰고 있는 지금은 33만 구독자를 보유하고 있다. 그리고 지금은 직장인 월급 정도의 수입이 유튜브에서 매달 들어오고 있다. 유튜브 덕분에 경제적으로 자유로워진 것이다.

이제부터 나의 유튜브 성장기를 소개해 보려고 한다. 나처럼

당신은 이미 브랜드입니다

유튜브에 대해 아무것도 몰랐던 사람도 이렇게 해낼 수 있다는 것과 지금 이 책을 읽는 여러분도 충분히 할 수 있다는 것을 보여주기 위함이다. 이를 통해 여러분도 유튜브로 경제적 자유를 누릴 수 있기를 진심으로 바란다.

유튜브를 시작하지 못하는 7가지 선입견

유튜브가 엄청난 기회의 공간이라는 것을 모르는 사람은 없을 것이다. 초등학생들도 장래 희망이 유튜버라고 할 정도이니 말이다. '회사 때려치우고 유튜브나 할까?'라는 말이 나올 정도로 직장인들 역시 유튜브에 관심이 많다. 그럼에도 정작 시작하려면 왜 자꾸 망설여지는 것일까? 그건 유튜브에 대해 가지고 있는 7가지 선

① 유튜브는 이미 레드오션이다.
② 좋은 장비가 있어야 유튜브가 잘된다.
③ 말을 잘해야 유튜브가 잘된다.
④ 남들이 모르는 것을 알려줘야 유튜브가 잘된다.
⑤ 유튜브 구독자는 무조건 많아야 좋다.
⑥ 유튜브를 전업으로 해야 잘된다.
⑦ 유튜브를 하려면 영상 편집 기술을 배워야 한다.

입견 때문이다. 과연 맞는 말인지 하나하나 살펴보자.

1) 유튜브는 이미 레드오션이다.

최근 들어 유튜브는 이미 레드오션이므로 진입하기에 너무 늦었다는 말을 많이 듣는다. 지금 유튜브를 시작하는 것은 효율성이 떨어지니 새로운 플랫폼을 찾는 것이 낫다는 말이다. 하지만 나는 전혀 그렇지 않다고 자신 있게 말할 수 있다. 유튜브는 전 세계 사람들이 구글 다음으로 많이 활용하는 플랫폼이다. 전 세계에서 매달 20억 명 이상의 사용자가 유튜브에 접속하고, 하루에 10억 시간 이상 영상을 본다. 대한민국에 사는 모든 사람들이 40일간 매일 접속해야 채울 수 있는 숫자가 20억이다. 이외에도 수많은 통계자료가 있지만 이 정도만 말해도 이미 충분할 것이다. 유튜브는 절대 레드오션이 아니다. 내 채널에 사람들이 들어오지 않는 것은 경쟁자가 많아서가 아니라 내 채널이 그만큼 매력적이지 않아서이다. 다음 장에서 내 채널과 영상을 매력적으로 보여주는 방법을 소개할 것이다.

2) 좋은 장비가 있어야 유튜브가 잘된다.

요즘은 방송사들이 유튜브에 대거 진입하다 보니 전문적인 방송 장비를 활용한 영상들이 많다. 그러나 좋은 장비가 항상 구독자

당신은 이미 브랜드입니다

수를 보장하는 것은 아니다. 내가 처음 유튜브 영상을 찍은 곳은 내 방이었다. 4평 정도의 좁은 방에서 침대 위에 앉아 벽을 배경으로 찍었다. 나름 느낌(?)을 살리고 싶어 벽에 이상한 그림을 하나 붙여놓고 촬영했다.

네이버에서 무료로 제공하는 스튜디오에서 촬영하기도 했다. 이때도 특별한 장비 없이 아이폰과 10만 원짜리 마이크만으로 촬영했다. 지금까지도 나는 100개가 넘는 영상을 아이폰과 이 마이크만으로 촬영하고 있다. 물론 아이폰 영상이 잘 나온다고 해도 500만 원이 넘는 카메라보다 화질이 좋을 수는 없다. 하지만 중요한 것은 장비가 아니라 편하게 찍는 습관을 기르는 것이다. 사람들

공감 못하면 영어 잘해도 되겠습니까? 상대방의 슬픔 공감하는 영어
조회수 17,362회 · 2019. 8. 16.　　　👍 832　💬 싫어요　↗ 공유　⬇ 오프라인 저장　✂ 클립　☰+ 저장　···

| 당시 벽에 붙여놓은 그림들이 정말 멋있는 줄 알았다.

은 점점 더 나아지는 모습에 환호한다. 안 좋은 장비로 시작해 나중에 좋은 장비로 바꾸면 '내가 좋아하는 유튜버가 드디어 이런 장비도 샀네!'라며 기쁨의 댓글을 달아줄지도 모른다. 이것 역시 내가 받은 댓글이다. 좋은 장비는 필수조건이 아니다.

3) 말을 잘해야 유튜브가 잘된다.

말을 잘하는 것은 물론 중요하다. 실제로 말을 잘하는 유튜버들은 대본 없이 촬영하고, 그 영상이 대박이 나기도 한다. 그런 능력은 라이브 스트리밍에서 훨씬 더 빛을 발한다. 하지만 우리에게는 '편집'이라는 마법의 기술과 '프롬프터'라는 마술 지팡이가 있다. 참고로 프롬프터가 없으면 노트북 메모장을 활용해도 된다. 나도 여전히 그렇게 촬영한다. 이처럼 대본을 미리 적어두고 이를 보면서 촬영할 경우에는 말을 꼭 잘해야 할 필요가 없다. 오히려 대본(글)을 잘 쓰는 것이 더 도움이 된다. 글을 잘 쓰는 법은 이미 앞에서 이야기했다.

4) 남들이 전혀 모르는 것을 알려줘야 유튜브가 잘된다.

블랙홀의 모양이 처음 공개될 때나 오랫동안 미스터리로 남아 있던 세계 7대 불가사의의 비밀이 풀린다는 내용의 영상은 사람들의 관심과 이목을 끌 수밖에 없다. 그러나 이런 주제는 우리가 만들

당신은 이미 브랜드입니다

수 있는 영역도 아닐뿐더러 인기도 한순간이다. 내가 남들보다 특별한 영어 강의를 올려서 유튜브가 잘된 걸까? 절대 그럴 리 없다. 세상에 완전히 새로운 지식은 없다. 그리고 당신이 유튜브에 올리려고 하는 지식도 이미 누군가 공개한 내용일 것이다. 많은 사람들 역시 나와 비슷한 영어 강의를 촬영해서 올린다. 그러나 상관없다. 같은 지식이라도 어떤 방식으로 전달할지만 잘 고민하면 사람들이 보게 된다. 오히려 같은 지식을 더 재미있고 유익한 방식으로 전달해 주기를 기대한다. 그렇다. 사람들은 당신을 기다리고 있다.

5) 유튜브 구독자는 무조건 많아야 좋다.

구독자는 참 매력적인 단어다. 구독자가 많다는 것은 분명 큰 힘이 되고, 설득력을 높이는 중요한 요소가 된다. 사람들은 나를 소개할 때 '30만 유튜버'라는 표현을 쓴다. 당연히 사람들은 '우와 ~'라는 반응을 보인다. 이런 반응은 물론 짜릿하지만 구독자가 많다고 무조건 좋은 것은 아니다. 오히려 진정으로 나를 좋아하고, 나를 지켜봐 주는 사람이 많아야 한다. 30만 구독자인데 100명이 나를 좋아하는 것보다, 1만 구독자이지만 50명이 나를 진정으로 좋아하는 것이 더 강력한 힘이 된다. 그 50명 중에는 내게 큰 기회를 가져다줄 사람이 있을 것이다. 나의 본업과 연결될 수 있고, 강연이나 출판 문의가 들어올 수도 있다. 구독자 수가 많으면 좋지만 꼭 많아야만 하는 것은 아니다.

6) 유튜브를 전업으로 해야 잘된다.

유튜브를 전업으로 삼으면 2가지 문제가 생길 수 있다.

첫째, 집중력이 오히려 떨어질 수 있다. 시험기간이 아닐 때 3개월 동안 공부한 양보다 시험을 앞두고 2주 동안 집중해서 공부한 양이 더 많을 수 있다. 내가 하고 있는 본업이 있고, 유튜브를 사이드 잡으로 병행하면 시간을 훨씬 더 효율적으로 사용해 영상을 만들게 된다. 전업으로 하면 하루 종일 유튜브에 집중할 거라고 생각하지만 시간이 많을수록 게을러지는 것이 인간의 본능이라는 점을 잊지 말자.

둘째, 불안감에 휩싸이게 된다. 유튜브는 아무리 잘 준비해도 반응이 좋을지, 언제 터질지 100% 확신할 수 없다. 본업을 포기하고 유튜브에만 매달렸는데 잘되지 않으면 초조함 때문에 하지 말아야 할 선택들을 하게 된다. 특히 조회 수에 일희일비하는 크리에이터는 반드시 무너지게 되어 있다. 어느 정도 반응이 있고 조회수도 꾸준히 나올 때 전업으로 뛰어드는 것이 훨씬 더 안정적이다. 배수진을 친다는 생각으로 유튜브를 하는 것은 옳지 않다.

7) 유튜브를 하려면 영상 편집 기술을 배워야 한다.

당신은 이미 브랜드입니다

나는 프리미어라는 프로그램으로 영상 편집을 하고 있다. 유튜브에서 '프리미어 초보'라고 검색하면 수없이 많은 영상이 나온다. 그 영상들을 5시간 정도 따라 해보면서 배웠다. 나는 딱 그 정도의 영상 편집 기술로 30만 구독자를 만들었다. 정말 까다로운 편집 기술이 필요하면 전문 편집자를 쓰면 된다. 그러나 그전까지는 영상을 자르고 붙이고 자막 넣고 효과음 넣는 기술을 스스로 익혀서 직접 작업하면 된다. 이 기술을 익히는 데는 5시간이면 충분하다. 전문 편집자가 되고 싶은 게 아니라면 돈까지 들여서 고급 편집 기술을 배우는 것은 추천하지 않는다.

직장인의 2대 허언이 있다. 첫 번째는 '퇴사할 것이다'이고, 두 번째 '유튜브를 할 것이다'이다. 그만큼 많은 사람들이 유튜브를 하고 싶어 하지만 정작 시작하지 못한다. 아마 위와 같은 7가지 이유로 유튜브를 미뤄왔을 것이다. 이제 그 오해가 풀렸으니 자신감을 가지고 유튜브를 시작해 보자.

유튜브를 시작할 때 지켜야 할 3가지 약속

첫째, 한 가지 주제를 정하자. 물론 유튜브를 본격적으로 하다 보면 여러 가지 주제의 영상을 올릴 수 있겠지만, 시작할 때는 우선 하나의 커다란 주제가 있어야 한다. 나처럼 영어일 수도 있고, 영화 리뷰, 재테크, 자기계발 등 본인이 가장 관심을 가지고 가장 많은 수다를 떨 수 있는 주제를 선택해야 한다. 뾰족할수록 종이가 잘 뚫린다. 사람들은 주제가 명확한 유튜브 채널을 좋아한다.

둘째, 최소 5개의 영상을 올려보자. 개인적으로는 10개 정도의 영상을 추천한다. 10개는 넘어야 구독을 눌러 줄 확률이 높고, 10개 정도 되어야 나의 문제점이나 나아가야 할 방향을 파악하기도 쉽다. 컨설팅을 받더라도 일단 10개를 올린 다음 그 결과를 가지고 받으면 나아질 확률이 훨씬 높다. 아는 것과 하는 것은 분명히 다르다. 최소 5개 이상의 영상을 올리고, 그중에서 조회 수가 잘 나온 것과 안 나온 것의 이유를 분석해 보자.

셋째, 좋은 제목과 섬네일 만드는 시간을 아까워하지 말자. 아무리 좋은 영상이라도 보지 않으면 의미가 없다. 우선 사람들이 보게 만들어야 한다. 유튜버들 중에는 영상을 만드는 데 집중하느라 막상 영상을 올릴 때는 대충대충 하는 사람들이 생각보다 많다. 하지만 유튜브를 제대로 하는 사람들은 좋은 섬네일과 제목을 항상 고민하고, 마음에 안 들면 몇 번이든 바꾼다. 좋은 제목을 만드는 법은 앞에서 설명한 블로그 제목을 만드는 것과 비슷하다. 이때도 카피라이팅 관련 책을 많이 읽는 것이 도움이 된다.

당신은 이미 브랜드입니다

유튜브 수익보다 중요한 것은 영향력이다

힘을 빼야 한다. 나는 당신이 유튜브 수익만을 바라보는 유튜버가 되기를 바라지 않는다. 유튜브로 광고 수익을 얻겠다는 생각보다 유튜브를 통해 내가 어떤 사람인지를 알리는 데 집중하기를 바란다. 그러다 보면 광고 수익은 저절로 따라오게 된다. 나의 유튜브 영상은 월 평균 1,700만 명 정도에게 도달한다. 이걸 TV 광고로 전달하려면 억 단위의 금액도 부족할 것이다. 그러나 나는 광고료를 전혀 내지 않고도 영향력은 계속 퍼져나가고 있다. 당신이 올린 10개의 영상도 버스나 지하철에 광고하는 것보다 훨씬 넓게 퍼질 수 있다. 다시 한 번 말하지만 힘을 빼자. 구독자 수와 광고 수익에 너무 연연하지 말고, 내가 가지고 있는 지식을 어떻게 전달할 수 있을지 고민해 보자. 그러다 보면 기회는 언제든 내게 다가와 쉼 없이 노크할 것이다.

다시 한 번 말하지만 힘을 빼자.
구독자 수와 광고 수익에
너무 연연하지 말고,
내가 가지고 있는 지식을 어떻게
전달할 수 있을지 고민해 보자.
그러다 보면 기회는 언제든 내게
다가와 쉼 없이 노크할 것이다.

인기 있는 유튜브의
4가지 유형

모든 콘텐츠가 그러하듯 사람들이 많이 찾는 유튜브 채널도 결국 2가지로 나뉜다. '재미'가 있거나 '의미'가 있어야 한다. 나의 지루한 시간을 달래주거나 유익한 정보를 주거나, 둘 중 하나가 꼭 있어야 한다. 그럼 이 2가지를 어떤 방식으로 전달할 수 있을까? 인기 있는 유튜브는 다음과 같은 방식으로 '재미'와 '의미'를 전달한다.

이 세상 모든 노하우(know-how)를 전달한다

당신이 생애 처음으로 차를 사려고 한다. 큰돈이 들어가는 만

큼 정말 제대로 된 좋은 차를 사고 싶다. 그런데 유튜브가 어떻게 알았는지 '가장 만족스럽게 첫 차 사는 법'이라는 영상을 보여준다. 자연스럽게 영상을 클릭한다.

유튜브에서 가장 많이 등장하는 키워드는 '~하는 법(how)'이다. 사람들이 누구나 궁금해하는 내용이 있다. 자동차를 예로 들면 '연비를 절약하는 법' '겨울철에 세차하는 법' '유리창에 쌓인 눈 치우는 법' 등이다. 달리기의 경우 '내게 맞는 러닝화 고르는 법' '러닝할 때 호흡하는 법' '러닝에 도움되는 스트레칭하는 법' 등이다. 누군가는 이 방법을 알고 있을 것이고, 누군가는 이 방법이 궁금할 것이다. 따라서 내가 정한 카테고리에서 사람들이 궁금해할 만한 것들을 고민해 보고, 그걸 정리하면 콘텐츠가 된다. 다음에 제시하

당신은 이미 브랜드입니다

는 3가지 카테고리에서 자신만의 'how'를 적어보자. 누군가는 그 'how'를 오늘 당장 촬영할 것이다.

[요리]

- 자취생 간편 김치찌개 끓이는 법
- 요리하다 남은 양파와 마늘 오래 보관하는 법
- _____
- _____

[등산]

- 등산 스틱 제대로 이용하는 법
- _____
- _____

[프리랜서]

- 프리랜서가 세금 줄이는 방법
- _____
- _____

당신이 하지 못한 경험(experience)을 전달한다

우리는 시간과 돈이 한정되어 있고, 세상에는 재미있는 것들이 흘러넘친다. 나는 낚시를 할 줄 모르고, 앞으로도 낚시를 할 생각은 별로 없다. 하지만 낚시로 무언가를 잡는 그 짜릿한 느낌은 경험하고 싶다. 그때 누군가 대어를 낚은 영상을 올리면 나는 그것을 클릭하게 된다.

이처럼 누군가의 경험 자체가 어떤 사람들에게는 엄청 흥미로운 주제가 된다. 그럼 나의 어떤 경험을 사람들과 공유할 수 있을까? 시골 생활이 될 수도 있고, 신제품을 써보는 것이나 고슴도치를 키우는 것, 춘천까지 자전거 여행을 하는 것이나 1인 캠핑이 될 수도 있다. 이런 경험을 많이 가진 사람은 오늘 그 영상을 찍어서 유튜브에 올려볼 수 있다.

시간 가는 줄 모르는 재미(fun)를 전달한다

우리는 지루한 것을 굉장히 싫어한다. 반면 재미는 강력하다. 여기서 말하는 재미가 꼭 웃음이 터지는 것일 필요는 없다. 흥미로운 주제에 대해 이야기하는 것도 재미고, 내가 게임하는 모습을 보

당신은 이미 브랜드입니다

여주는 것도 재미다. 재미를 전문적으로 내세우는 채널이라면 짧은 상황극이나 애니메이션을 만들 수도 있다. '짤툰'이라는 애니메이션 채널은 224만, '장쩌쭈'라는 애니메이션 채널은 333만 구독자를 보유하고 있다. 재미있게 전달할 수만 있다면 머리가 지끈거리는 과학 채널에도 사람들은 찾아온다. '안될과학'이라는 채널은 구독자가 62만이고, 어려운 경제를 쉽게 풀어 주는 '슈카월드'는 구독자가 234만이다. 이처럼 재미만을 추구하기보다 어떤 주제라도 재미있게 전달하기 위해 항상 노력해야 한다. 내 유튜브 채널에도 '재미있어요!'라는 댓글이 많이 달린다. 수많은 영어 채널이 있지만 그럼에도 내 채널이 선택받는 가장 큰 이유 중 하나가 바로 재미있기 때문이다.

바쁜 당신에게 유익한 소식(news)을 전달한다

흥미로운 뉴스는 우리 귀를 솔깃하게 한다. 그러나 우리는 항상 바쁘다. 하루 종일 스마트폰을 보지만 나에게 필요한 뉴스를 찾기는 귀찮고 시간이 아깝다. 그런데 내가 관심 있는 분야의 뉴스를 모아 한눈에 보기 쉽게 정리해 준다면 클릭을 안 할 이유가 없다. 최근의 우크라이나 전쟁 상황에 대해 방송사보다 많은 정보를 제공한 곳은 수많은 유튜버들이었다. 조회 수는 당연히 높게 나왔고, 사람들은 방송사보다 유튜버들을 더 신뢰하며 응원했다. 비단 국제 정세뿐만 아니라 정치, 사회, 연예계, 경제, 교육 등의 정보를 모아 전달하는 유튜브는 항상 우리의 클릭을 부른다. 한 유튜브는 그저 해외 뉴스를 번역해서 올리기만 하는데도 조회 수가 높게 나온다. 이처럼 우리의 시간을 절약해 주는 영상은 항상 환영받는다.

당신이 어떤 유튜브 채널을 시작하더라도 위와 같은 4가지 인기 유형 중 하나는 유튜브 내용에 담겨야 한다. 사람들은 시간 낭비를 매우 싫어한다. 내 시간을 투자할 만큼의 '재미'나 '의미'가 있어야 영상을 본다. 단순히 내가 좋아서 올리는 영상을 넘어 누군가에게 도움이 되는 영상을 제작한다는 마음으로 유튜브를 해야 한다.

당신은 이미 브랜드입니다

내 영상이 '재미' 있어지는
3가지 습관

앞에서도 강조했지만 영상은 '재미'가 있어야 한다. 여기서 말하는 재미는 'funny'가 아닌 'fun'이다. 그럼 이 두 단어의 차이는 뭘까? 본업이 영어 강사인 만큼 아주 쉽게 구분해 보겠다.

- funny에는 '웃음소리'가 들린다.
- fun은 '시간' 가는 줄 모른다.

코미디 프로그램을 보면서 쉴 새 없이 웃음을 터뜨린다. 그때 느끼는 '재미있는 감정'이 funny다. funny는 눈물 콧물 다 쏟을 정도로 재미있고 웃긴 것이다. 하지만 fun은 다르다. 꼭 웃음소리가 나오지 않아도 fun이 될 수 있다. 공포영화를 좋아하는 사람은 공포영화를 보고 나오면서 "우와, 재미있었어"라고 말한다. 공포영화를 절대 못 보는 나로서는 이해가 안 되지만 그 사람에게는 영화를 보는 내내 지루함을 못 느끼고 재미있었던 것이다. 경제학 교수가 《맨큐의 경제학》(그레고리 맨큐)을 가르치며 "재미있지 않니?"라고 하는 것과 같다.

　이때 우리가 바라는 재미는 웃기는 영상이 아니다. 보는 내내 지루함을 못 느끼고 어느새 '벌써 끝났네?'라는 생각이 드는 영상을 말한다. 이는 내가 유튜브를 할 때 가장 중요하게 여기는 부분이다. 어떻게 하면 지루하지 않고 재미있는 영상을 만들 수 있을까? 이런 고민을 하다 보니 다음과 같은 3가지 방법을 찾을 수 있었다.

자르자

　생각보다 많은 유튜버들이 영상을 자르지 않고 그대로 올린다. 하지만 나는 '1초의 공백'과 '반복되는 말'은 잘라낸다. 영상을 편집할 때 오디오가 없는 부분(소리가 나지 않는 부분)과 "어, 음, 아" 등의 불필요한 소리도 모두 잘라낸다. 요즘 사람들에게 1초의 침묵은 '뒤로가기' 버튼을 누르기에 충분한 시간이다. 오디오가 없는 부분만 잘라내도 지루하다는 느낌을 훨씬 줄일 수 있다.

반복되는 말도 잘라야 한다. 영상을 찍다 보면 의외로 같은 말을 반복하는 습관이 생긴다. 반복되는 말이 여러 번 나온다면 그중 가장 마음에 드는 하나만 남겨두고 모두 잘라낸다. 자를수록 사람들은 내 영상을 더 오래 본다.

엄청나게 공들인 인트로 영상도 개인적으로는 추천하지 않는다. 화려한 영상 기술과 휘황찬란한 색으로 장식한 인트로는 엄청난 수고가 들어가는 작업이다. 이런 인트로를 만들고 나면 스스로는 굉장히 뿌듯하겠지만 인트로가 길면 사람들은 '뒤로가기'를 바로 눌러 버린다. 인트로를 넣고 싶다면 짧고 간결하게 만들자.

쓰자

친구들 앞에서는 달변가처럼 말을 잘하다가도 모르는 사람들 앞에서 정보를 전달하려면 벙어리가 된 것처럼 말이 잘 안 나온다. 그래서 유튜브를 시작한다면 꼭 대본 쓰는 습관을 들여야 한다. 대본을 쓰면 말이 중구난방으로 흘러가지 않고 하나의 주제에 집중할 수 있다. 사람들은 영상이 길더라도 전체 내용이 하나의 주제와 일치한다면 집중력을 잃지 않고 끝까지 보게 된다.

전체 대본을 모두 다 쓰기 어렵다면 간결하게 핵심 문장 정도만 써도 된다. 여기에 중간중간 유머러스한 문구도 넣어보자. 유튜브 영상에서 내가 하는 유머들도 80%는 대본에 쓰여 있는 것이다. 물론 대본을 읽는 느낌을 주면 안 된다.

나는 대본을 쓸 때 꼭 포함하는 대사가 있다. 앞부분에는 '꼭 끝까지 보세요' 또는 '오늘 가장 마음에 드는 표현이 뭔지 확인해 보세요' 같은 말로 시작한다. '영상 뒷부분에 도움이 되는 정보가 있다'는 말도 꼭 넣는다. 이렇게 인트로 글을 넣으면 영상을 보는 사람들은 자기도 모르는 사이에 영상을 끝까지 봐야겠다고 생각한다.

대본을 다 쓰고 나면 꼭 소리 내어 읽어보고, 말로 했을 때 지루하거나 어색한 부분을 확인해야 한다. 내가 지루함을 느꼈다면 시청자 또한 지루함을 느낄 수밖에 없으니 그런 부분은 꼭 수정한다. 이처럼 유튜브는 라이브 방송이 아닌 녹화 방송이므로 대본만 잘 써도 웬만큼 말을 잘할 수 있다.

섞자

효과음과 이미지를 충분히 활용한다. 강조하고 싶은 말에 효과음을 넣고, 주제와 어울리는 이미지도 넣어보자. 사람들은 단조로

당신은 이미 브랜드입니다

운 상태가 지속되면 금방 지루함을 느낀다. 그런데 갑자기 효과음 하나가 새롭게 등장하고 어울리는 이미지가 나오면 지루함은 금세 흥미로움으로 바뀐다. 이걸 가장 잘 활용하는 것이 예능 프로그램이다. 예능은 시청자가 지루할 틈을 주지 않기 위해 자막 스타일, 앵글, 화면 크기, 장면 전환, 효과음, 이미지 등의 요소들을 최대한 섞는다(예능 프로그램을 보면서 어떻게 편집하는지 연구해 보는 것도 도움이 된다). 그러나 예능처럼 하려면 영상 하나를 만드는 데 너무 많은 시간이 소요된다. 우리가 할 수 있는 수준에서 효과음과 이미지를 조금씩 섞어보자. 다행히 효과음과 이미지 삽입은 동영상 편집 중 가장 쉬운 부분에 속한다. 누구나 할 수 있다.

이 정도만 잘 활용해도 재미있는 영상을 만드는 것은 놀라울 정도로 쉽다. 그런데 여전히 많은 사람들이 이런 쉬운 것도 하지 않으면서 조회 수가 안 나온다고 하소연한다. 자르고, 쓰고, 섞어보자. 이 작은 습관만 들여도 유튜버로 성공할 수 있는 자질은 충분히 갖춘 셈이다.

마지막으로
기억해야 할 단어 '소통'

'답글'은 생각보다 중요하다

크리에이터는 반응을 먹고사는 사람들이다. 유튜브를 하고 있다면 구독자의 댓글에 '답글' 다는 것을 아끼지 말아야 한다. 은근히 사소한 부분이어서 놓치기 쉬운데 사실 이는 매우 중요한 부분이다. 나의 댓글에 채널 운영자가 답글을 달아주면 신기한 기분이 들고, 긍정적인 감정으로 강하게 연결된다. 답글이 어렵다면 '하트(♥)'라도 달아주자. 답글이나 하트는 나에게 보내준 관심에 화답한다는 의미다.

물론 유튜브를 막 시작할 때는 댓글이 많이 달리지 않을 것이다. 그때 하나의 댓글이라도 정성스럽게 답글을 달아주는 것만으

당신은 이미 브랜드입니다

내가 올린 영상에 소중한 댓글을 달아주는 것은 고마운 일이다. 하트와 답글을 아끼지 말자.

로 그 구독자는 당신의 찐팬이 될 수 있다. 찐팬은 1,000명의 일반 팬보다 더 강력한 힘을 지닌다. 그 찐팬이 "야, 이 유튜버 완전 대박이야! 곧 뜰걸? 미리 구독해 둬!"라고 추천할지도 모른다.

유튜브 구독자가 1,000명이 넘으면 그때부터 커뮤니티 게시판이 활성화되고, 인스타그램이나 페이스북처럼 게시글을 올릴 수 있다. 게시판에는 앞으로 올릴 영상에 대한 정보를 쓸 수도 있고, 감사의 인사를 전할 수도 있다. 무소식은 팬을 떠나게 만든다. 어떤 글이 되었든 내 유튜브 구독자들과 소통한다는 느낌으로 종종 글을 써보자. 내가 꾸준히 활동하고 있다는 것을 알려줘야 팬으로 오래 남는다. 또한 게시판을 통해 설문조사를 할 수도 있다. 설문조사는 구독자가 직접 참여하는 만큼 채널에 대한 애정이 더 깊어진다. 사소한 질문이라도 게시판을 활용해 소통해 보자.

이렇게 소통할 수 있다는 것이 SNS의 가장 큰 힘이다. 전혀 만날 일이 없는 사람들과 SNS를 통해 서로 공유하며 소통할 수 있다.

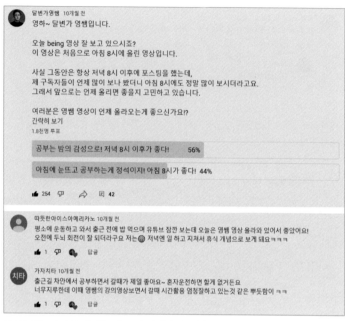

달변가영쌤 10개월 전
영하~ 달변가 영쌤입니다.

오늘 being 영상 잘 보고 있으시죠?
이 영상은 처음으로 아침 8시에 올린 영상입니다.

사실 그동안은 항상 저녁 8시 이후에 포스팅을 했는데,
제 구독자들이 언제 많이 보나 봤더니 아침 8시에도 정말 많이 보시더라고요.
그래서 앞으로는 언제 올리면 좋을지 고민하고 있습니다.

여러분은 영쌤 영상이 언제 올라오는게 좋으신가요!?
간략히 보기
1.8천명 투표

공부는 밤의 감성으로! 저녁 8시 이후가 좋다!   56%

아침에 눈뜨고 공부하는게 정석이지! 아침 8시가 좋다! 44%

👍 254   👎   ↗️   💬 42

따뜻한아이스아메리카노 10개월 전
평소에 운동하고 와서 출근 전에 밥 먹으며 유튜브 잠깐 보는데 오늘은 영쌤 영상 올라와 있어서 좋았어요!
오전에 두뇌 회전이 잘 되더라구요 저는😀 저녁엔 일 하고 지쳐서 휴식 개념으로 보게 돼요ㅋㅋ
👍 1   👎   💬   답글

치타 10개월 전
출근길 차안에서 공부하면서 갈때가 제일 좋아요~ 혼자운전하면 할게 없거든요
너무지루한데 이때 영쌤의 강의영상보면서 갈때 시간활용 엄청잘하고 있는것 같은 뿌듯함이 ㅋㅋ
👍 1   👎   💬   답글

구독자는 자신의 의견을 내는 걸 좋아한다. 게시판을 통해 소식도 전하고, 투표도 진행해 보자. 참여한다는 기분만으로도 긍정적인 감정이 더해진다.

이것이 내가 SNS를 좋아하는 이유다.

· · ·

결국 유튜브를 하려면 내가 잘 아는 주제를 골라, 더 재미있게 만들어, 사람들과 소통하면 된다. 어렵게 생각할수록 더 어려워지고, 쉽게 생각할수록 정말 쉽게 할 수 있다.

지금 바로 펜을 들어 만들고 싶은 영상의 제목과 내용을 대충이라도 정리해 보자. 그리고 스마트폰을 켜고 영상을 촬영해 보자. 소리가 없는 부분은 자르고, 이미지와 효과음을 넣어보자. 그리고 하나씩 업로드를 해보자. 롤모델로 삼은 유튜브를 따라 해보며 아쉬운 부분을 채워보자. 댓글을 달아주는 사람들에게 감사한 마음을 전하며 사람 냄새를 풍기자. 그렇게 유튜브는 나의 색으로 채워지고, 나에게 많은 기회를 가져다줄 것이다. 나는 이미 유튜브의 덕을 너무나 많이 봤다. 이제는 당신 차례이다.

PART 3

당신은 이미
브랜드이다

당신의 브랜드가 시작된다

별 볼 일 없는 내가 브랜드가 될 수 있을까?

우리가 브랜드에 대해 착각하는 부분은 처음부터 대단한 능력을 가지고 있어야 한다고 믿는 것이다. 하지만 우리가 알고 있는 대부분의 브랜드도 처음에는 그렇게 대단하지 않았다.

미국 시가총액 3위 기업 아마존의 시작은 간판도 없는 작은 사무실이었다. 애플 역시 차고지에서 시작된 브랜드였다. 이런 별 볼 일 없는 시작이 오히려 많은 사람들에게 더 울림을 주는 브랜드로 만들었다. 앞에서 말한 '평범함'에 열광하는 이유와 같다.

나 또한 특출나거나 대단한 것이 하나도 없었다. 외국의 유명 대학을 나온 것도 아니고, 큰 기관에서 수상을 한 것도 아니고, 미

칠 듯한 재능을 가진 것도 아니며, 조기교육은커녕 스물다섯에 영어 공부를 시작했고, 일을 할 때 커다란 성과를 낸 것도 아니었다. 하지만 나는 지금 '달변가 영쌤'이라는 브랜드가 되었다. 이제 사람들은 영어를 배우고 싶은 친구가 있으면 '달변가 영쌤'을 소개한다. '프리랜서로 일하고 싶은데 어떻게 하면 될까요?'라는 고민 상담에 조언을 해준다. 여러 업체들의 협업 제안 메일이 매일같이 날아온다. 그리고 전국을 다니며 강연을 한다. 어느 날 나는 그렇게 브랜드가 되었다.

당신은 이미 브랜드입니다

당신은 브랜드이다

나는 당신의 '가능성'을 믿는다. 당신이 평범하면 할수록 더 큰 가능성이 보인다. 쉽다고는 말하지 않겠다. 시간도 걸리고, 부단한 노력도 더해져야 한다. 눈물 쏙 빼는 날도 있을 것이고, 울분을 터트리며 하소연하고 싶은 날도 있을 것이다. 그럼에도 이것 하나는 장담할 수 있다. '재미있을 것이다. 그리고 무엇보다 의미 있을 것이다.' 그리고 사람들은 당신의 스토리를 듣고 싶어 할 것이다.

대단한 능력이 없어도, 대단한 배경이 없어도 당신은 충분히 브랜드가 될 수 있다. 이 책을 읽는 오늘부터 당신이라는 브랜드가 시작된다. 시간이 갈수록 농도는 더 짙어지고 깊어진다. 다만 단순히 오래되었다고 해서 좋은 브랜드가 되는 것은 아니다. 좋은 오크 통에 좋은 물을 더하고 능력 있는 주조사들이 꾸준히 관리해야 좋은 위스키가 만들어지듯이 브랜드가 되려면 꾸준히 관리해야 한다. 그러다 보면 당신도 가치 있고 영향력 있는 하나의 브랜드가 될 것이다.

이제부터 당신이라는 브랜드를 만드는 법을 본격적으로 알아보자.

먼저 시작할수록
좋은 브랜드가 된다

빨리 시작해야 하는 이유

브랜드와 복리는 공통점이 있다. 시간이 흐를수록 더 강력한 힘을 낸다는 것이다. 이것은 빨리 시작할수록 좋다는 의미다. 많은 브랜드들이 'Since 19××'를 강조하며 자신들이 언제부터 시작되었는지를 보여주는 것과 같다. 오래됐다는 것은 그 자체만으로도 신뢰감을 준다. 1년 경력의 강사보다 10년 경력의 강사가 더 믿음이 가는 것처럼 말이다.

이제 막 강사 생활을 시작하던 코흘리개 시절의 나는 전혀 알려지지 않은 사람이었다. 학원에서는 나를 열심히 홍보해 줬지만 이미 학원에는 실력 있고 유명하고 TV까지 출연하는 쟁쟁한 강사

당신은 이미 브랜드입니다

들이 많았다. 옆 반에는 32명의 학생들이 꽉 들어차 수업하고 있을 때 우리 반에는 3명의 학생이 고작이었다. 수업을 안 하는 줄 알았는지 빈 강의실을 찾던 학생들이 들어오곤 할 정도였다. 이때부터 나는 기필코 나를 알려야겠다고 생각했다. 학원이라는 울타리 없이 나 스스로 존재하지 않으면 이 일을 오래 할 수 없겠다는 불안감이 나를 움직이게 했다.

나는 바로 블로그를 시작했다. 그때가 2017년이었고, 아무도 내게 블로그를 권하지 않을 때였다. 그저 단순히 '영어 공부'라는 키워드로 네이버에 검색될 수만 있다면 나를 찾아오지 않을까 하는 생각이었다. 지금 와서 생각해 보면 단순하지만 최선의 생각을 해낸 것이다. 한 달 동안 열심히 블로그를 했다. Today 20을 찍었다. 다시 한 달 동안 열심히 블로그를 했다. Today 25를 찍었다. '무엇이 문제인가?'라는 고민을 하다 잘되는 블로그들을 살펴보고 형식을 따라 하며 다시 한 달 동안 열심히 했다. 그럼에도 Today 30을 넘기지 못했다. 도무지 방문객 수가 오르지 않았다. 당연히 수강생 수도 늘지 않았다. 그러던 어느 날 한 학생이 나를 찾아왔다.

"블로그 글이 좋아서 선생님께 배우고 싶어서 왔어요."

블로그에 글을 올린 지 8개월 만에 처음 듣는 말이었다. 드디어 검색을 통해 나라는 사람이 발견되었고, 나의 수업을 들으러 찾아온 것이다. 그 후 블로그도 점점 활발해졌고, Today 2,000 이상을 찍는 날들이 많아졌다. 그때가 2019년이었다. 그리고 어느 날 한 통의 전화를 받았다.

"안녕하세요. EBS입니다."

이때 전화를 받았던 순간은 동영상으로도 간직하고 있다. 어찌나 손이 벌벌 떨리던지 그때 들렸던 심장박동 소리가 지금까지도 생생하게 느껴질 정도이다. 어릴 적 내가 보며 공부하던 EBS에서 나에게 강의를 하자고 연락이 오다니….

총 7명의 크리에이터가 EBS에 모였고, 그중에서 나는 유일하게 유튜브를 하지 않는 사람이었다. 담당 PD에게 어떻게 나를 알고 연락했는지 묻자 문득 블로그를 검색했는데 내가 떴고 글이 좋아서 섭외했다고 했다. 이는 내가 2017년부터 블로그를 시작하여 2019년에는 250개가 넘는 글이 올라가 있었기 때문에 가능한 일이었다. EBS 촬영을 무사히 마치고, 내 강의가 방송되는 날 어머니는 새벽부터 일어나 EBS 채널만 보시다 아들이 TV에 나오자 손뼉을 치며 행복해하셨다.

내가 만약 블로그를 일찍 시작하지 않았더라면 EBS에서 연락이 오지 않았을 것이다. 그러면 지금처럼 경제적 자유와 선택의 자유를 누리지 못했을 것이다. 불안감에 빨리 시작했을 뿐인데 브랜드의 복리 효과가 더해져 어느새 나는 신뢰 있는 브랜드가 되어 있었다.

당신은 이미 브랜드입니다

이처럼 빨리 시작하는 것에는 장점이 많다. 단점이라면 미숙하다는 것인데, 사실 그건 단점이 아니다. 오히려 성장하는 모습이 또 하나의 스토리가 되고, 사람들은 그런 스토리를 좋아한다. 그러니 지금부터라도 조금씩 시간을 내서 블로그와 유튜브를 시작해보자. 시간이 없다고 말하면서도 우리는 시간을 그다지 소중히 활용하지 않는다. 그 시간을 브랜드가 되는 데 써보자. 먼저 시작하는 브랜드가 좋은 브랜드다.

처음엔 누구나 엉망진창이다

누구에게나 처음은 있다. 내 블로그도 초기의 글들을 보면 '이런 글을 썼으니 방문객 수가 안 오르지'라는 생각이 들 정도로 형편없었다. 그러나 시간이 갈수록 글이 좋아졌고, 블로그에 글을 쓰는 것이 쉬워졌다. 하루라도 빨리 시작해야 하는 이유는 브랜드에 대한 신뢰를 쌓기 위한 것도 있지만 실력을 키우기 위해서이기도 하다. 신뢰 없이 브랜드가 존재할 수 없고, 실력 없이 브랜드가 오래갈 수 없다.

유튜브에는 내가 처음 올렸던 영상이 아직도 남아 있다. 구도도 이상하고 편집도 이상하고 말하는 것도 이상하지만 일부러 남겨놓았다. 사람들에게 내가 변화한 모습을 보여주고 싶었기 때문이다. 이 영상 때문인지 최근 영상에는 이런 댓글들이 달린다.

- 점점 편집 스타일이 깔끔해져요.
- 점점 영상이 보기 편해집니다.
- 점점 잘생겨지네요.

구독자들의 댓글처럼 편집 실력도 좋아져 예전에는 20시간 넘게 걸리던 것이 이제는 3시간이면 영상 한 편을 만들 수 있게 되었다.

누구나 모든 시작은 엉망진창이다. 시작부터 완벽하려고 하면 오래가기 힘들다. 엉망진창이라는 것이 꼭 나쁜 의미는 아니다. 시작이 부족할수록 얻을 수 있는 피드백이 훨씬 많다. 피드백을 통해 고칠 부분이 무엇인지 알게 되면 그 부분만 해결하면 되고, 모르는 게 있으면 배우면 된다. 우선 시작하자. 부족하더라도 결과물을 만들자. 그다음 결과물을 수정하고, 필요한 부분이 있으면 배우려고 노력해 보자. 지금도 누군가는 이 책을 읽고 바로 시작할 것이다. 나는 그 사람이 당신일 거라고 믿는다.

갑자기 부자가 된 사람들의 공통점

요즘은 '6개월 만에 1,000만 원을 벌었다' '1년 만에 1억을 벌었다'고 자랑하며 자신의 강의를 파는 광고를 많이 볼 수 있다. 이런 사람들의 영상을 보고 있으면 괜히 마음이 울적해진다. 지금 다니는 회사는 뼈를 갈아 일해도 한 달에 300만 원을 벌까 말까 하는데, 저 사람은 1년 만에 1억을 벌었다고 한다. 나도 당장 회사 때려치우고 저 사람의 강의를 듣고, 스마트스토어나 유튜브를 시작해볼까 하는 생각이 든다.

혹시나 마음속에 품고 있는 사직서를 갑자기 꺼내는 일이 없도록 결론부터 말하려고 한다. 갑자기 부자가 된 사람들도 사실은 '갑자기' 된 것이 아니다. 대부분 그 이상의 시간과 노력을 들였지만, 몇 개월 만에 그렇게 된 것처럼 포장한 것일 뿐이다. 여기에 속아서 사직서를 던지면 안 된다. 눈물이 팡 하고 터지며 후회할 날이 올 것이다. '갑자기' 큰돈을 벌었다는 말은 다 거짓말이다.

2021년 어느 날 대출을 받기 위해 은행에 갔다. 이사 갈 정도는 대출받을 수 있겠지 하고 찾아갔는데 은행원이 약간 망설이는 표정을 짓다가 이내 이렇게 말했다.

"작년 소득이 700만 원이네요…"

나도 놀라 눈을 동그랗게 떴고, 그렇게 서로 말없이 5초간 침묵

이 이어졌다. 그러면서 나에게 "700만 원이 맞나요?"라고 다시 물어봤다. 2020년(코로나가 덮친 시기)을 돌아보니 정말로 난 700만 원밖에 벌지 못했다. 한 달에 100만 원도 못 벌고, 모아놓은 돈과 국가지원금으로 연명하며 1년을 버텼던 것이다. 결국 대출은 하나도 받지 못하고 은행을 나왔다. 문을 열고 나오는데 피식 웃음이 나왔다. 은행을 방문했을 당시에 나는 2020년에 비해 16배에 달하는 돈을 벌고 있었기 때문이다. 즉, 1년 만에 '갑자기' 엄청나게 돈을 번 것이다.

그래서 나도 마음만 먹으면 '1년 만에 돈을 16배 더 버는 법' 하고 사람들에게 알려줄 수 있다. 하지만 냉정히 말하면 나는 1년 만에 돈을 번 것이 아니다. 2016년부터 꾸준히 쌓아온 것들이 6년째에 '갑자기' 터진 것이다. 지난 6년간 열심히 강의하며 실력을 키우지 않았다면, 블로그에 영어 관련 글을 써서 올리지 않았다면, 책을 읽거나 글쓰기 연습을 하지 않았다면 나는 절대 1년 만에 그렇게 성장할 수 없었을 것이다. 절대 그런 일은 일어날 수 없다. 남들이 보기에는 1년 만에 성공한 것처럼 보여도, 사실 6년치 경험이 쌓여 1년 만에 빛을 발할 수 있었던 것이다.

그래서 내가 아무리 '1년 만에 성공하는 법'을 설명한다 해도 이 책을 읽는 여러분이 갑자기 돈을 벌 수는 없다. 그렇다고 가만히 앉아 있으라는 말이 아니다. 오늘부터라도 당장 시작하자는 것이다. 여러분이 최소 1~2년 동안 쌓아 놓은 것이 있는 상태에서 내가 1년 만에 성공하는 법을 가르쳐 준다면 갑자기 성공할 수 있는 확률은 기하급수적으로 높아질 것이다.

오늘부터 브랜드가 되기로 마음먹고 시작해 보자. 오늘부터 다이어리에 기록을 하고, 블로그에 글을 쓰고, 말하는 연습을 해보자. 이러한 과정에서 실력도 쌓이고, 나라는 브랜드의 명성도 쌓인다. 실력과 명성이 어느 정도 쌓이면 돈은 언제든 나를 따라올 것이다.

"

신뢰 없이 브랜드가
존재할 수 없고,
실력 없이 브랜드가
오래갈 수 없다.

"

평범한 내가
브랜드가 되는 법

반복이 답이다

영어 강사가 되려면 어떻게 해야 할까? '열심히 Gillian'이라는 유튜버가 있다. 이분은 자기가 영어 공부하는 모습을 꾸준히 인스타그램과 유튜브에 올렸다. 이분을 따라 공부하는 분들이 하나둘 생기기 시작했다. 그렇게 팬이 늘어나고, 팬들의 요청에 따라 영어 강의를 시작했다. 강의는 금방 마감되었다. 놀라운 것은 이분이 해외 유학을 했거나 영어를 전공한 게 아니라는 점이다. 하지만 사람들은 이분의 강의를 듣는다. 이분이 꾸준히 공부해 온 것을 이미 충분히 봤기 때문이다.

브랜드가 된다는 것은 누군가의 기억 속에 오랫동안 남는다는 뜻이다. 영어 공부를 하고 싶은데 어떻게 해야 할지 고민될 때 문득 'gillian'이라는 유튜버가 떠오른다. 이분이 아주 오래전부터 영어 공부를 해온 기억이 난다. 이분의 인스타그램을 보니 때마침 영어 강의를 진행하고 있다. 마음의 문이 열린다. 그리고 이분의 강의를 수강하게 된다. 너무나 간단하다.

영업을 해본 사람은 알겠지만 누군가에게 무언가를 판다는 것은 정말 어마어마하게 어려운 일이다. 사람은 쉽게 마음의 문을 열지 않고, 지갑은 더더욱 열지 않는다. 그런데 내가 잘하는 것을 반복해서 보여주는 것만으로 사람들에게 신뢰가 생긴다. 이렇게 한 번 마음의 문이 열리면 웬만해서는 닫히지 않는다. 그렇게 해서 브랜드가 되는 것이다. 이것이 바로 반복해야 하는 이유다. 내가 꾸준히 하는 모습을 계속 보여주면 사람들은 신뢰로 답한다.

책 읽는 모습을 반복적으로 올리면 나의 브랜드 메시지는 책과 연결된다. 운동하는 모습을 반복적으로 올리면 나의 브랜드 메시지는 운동과 연결된다. 낚시하는 모습을 반복적으로 올리면 나의 브랜드 메시지는 낚시와 연결된다. 내가 자주 하는 것이 결국 내가 된다. 그리고 사람들의 머릿속에 기억된다. 이것이 바로 '브랜딩'이다.

우리는 보통 무언가를 꾸준히 오래 하는 것을 힘들어한다. 그래서 누군가 꾸준한 모습을 보여주기만 해도 경외심을 느끼고 존

당신은 이미 브랜드입니다

경심을 표한다. 유튜브에 '1년간 운동한 모습의 변화'와 같은 영상이 조회 수가 높은 것도 그런 이유다. 반복해서 무언가를 오래 한다는 것만으로 나라는 브랜드를 사람들에게 전달할 수 있다.

나 역시 본업은 영어 강사이지만 '퍼스널 브랜딩'과 '마케팅'에 관한 글을 블로그와 인스타그램에 꾸준히 올렸다. 그 결과 영어 강사인 내가 퍼스널 브랜딩 관련 책을 출간하고 강의도 하고 있다. 또한 컨설팅 문의도 많이 받는다. 어느덧 영어뿐만 아니라 다양한 분야에서도 기억되는 사람이 되었다.

예약 판매 24시간 만에 100만 부 이상 팔린 《부와 성공을 부르는 12가지 원칙》의 저자이자 세계적으로 유명한 퍼스널 브랜딩 전문가인 게리 바이너척이 항상 강조하는 말이 있다.

"포스팅을 올려라. 지금 당장 올려라. 그리고 자주 올려라. 사람들은 이렇게 쉬운 방법조차 하지 않는다. 반복하는 것의 힘이 얼마나 중요한지 모르는 것을 보면 답답할 정도다."

그래서 언제까지 반복해야 할까?

사람들이 내게 물어볼 때까지 반복해야 한다. 당신이 커피를 진짜 좋아하는 사람이라면, 커피를 너무 좋아해서 대한민국의 유명한 카페는 다 찾아다니는 사람이라면 커피에 대한 당신의 감상을 인스타그램에 올리자. '좋아요'가 많이 달리지 않더라도 꾸준히 올려보자. 그러면 어느 날 갑자기 친구에게 이런 메시지가 올 것이다.

"우리 회사에서 이번에 커피 사업을 론칭하기로 했는데 네 생각이 났어. 혹시 만나서 조언을 좀 구할 수 있을까?"

됐다. 당신의 반복이 당신을 브랜드로 만들었다. 이렇게 누군가의 머릿속에 반짝하고 떠오를 정도가 된다면 당신은 이미 강력한 브랜드의 싹을 틔운 것이다. 지금까지 수집한 정보만 정리해서 팔아도 살 사람은 분명 생긴다. 심지어 자료를 정리해 친구의 회사에 역으로 컨설팅을 제안할 수도 있다. 회사에 필요한 것이라면 제법 높은 가격이라도 기꺼이 지불할 것이다.

브랜드의 생명은 누군가에게 얼마나 기억되느냐에 달려 있다. 커피를 마시고 싶을 때는 스타벅스가 떠오른다. 안전한 차를 사고 싶을 때는 볼보가 떠오른다. 러닝화를 사고 싶을 때는 나이키가 떠오른다. 이것이 바로 브랜드다. 누군가의 머릿속에 떠오르는 사람이 된다면 퍼스널 브랜드로 자리매김할 수 있다. 그리고 누군가의 머릿속에 떠오르기 위해서는 계속 반복해야 한다. 반복해서 나라는 사람을 그들의 머릿속에 각인시켜야 한다.

당신은 이미 브랜드입니다

팔리는 콘텐츠를
만드는 법

팔리는 콘텐츠를 만드는 방법 - EBS

나라는 브랜드를 만들기 위해서는 나만의 콘텐츠가 있어야 한다. 많은 사람들이 관심을 가지는 콘텐츠가 있어야 브랜드로 성장할 수 있고, 우리가 꿈꾸는 시간적·경제적 자유를 얻을 수 있다. 그런데 어떻게 해야 팔리는 콘텐츠를 만들 수 있을까? 좋은 방법이 있다. 바로 EBS만 기억하면 된다.

- E : Experience achievement(성취를 경험하라)
- B : Become a role model(롤모델이 되어라)
- S : Study(연구하라)

당연히 처음에는 팔 수 있는 콘텐츠나 지식이 있을 리 없다. 그러나 EBS를 기억하고 연습한다면 생각보다 빨리 팔리는 콘텐츠를 만들 수 있다. 나라는 브랜드의 콘텐츠가 생기는 것이다. 그럼 EBS에 대해 하나하나 파헤쳐 보자.

성취를 경험하라(Experience achievement)

당신의 모든 경험은 누군가에게는 커다란 의미이자 가치다. 심지어 지극히 평범하고 누구나 겪는 사소한 경험일지라도 말이다. 당신이 파운데이션 21호와 23호의 차이를 알고 있다면 이제 막 화장을 시작한 여대생들에게 아주 의미 있는 정보를 줄 수 있다. '1년간 파운데이션을 바꿔 써보며 느낀 파운데이션 Top 5'라는 영상이 올라온다면 젊은 여성들은 하던 일을 멈추고 관심을 가질 것이다. 또 군대를 갔다 온 남자라면 거의 다 아는 군대 지식의 경우도 군 미필자들에게는 엄청난 가치를 가진다. '군 생활 잘하는 법'이라고 전자책을 만들어 판다면 입대를 앞둔 아들을 걱정하는 엄마나 여자 친구가 사서 선물할지도 모른다. 군필자라면 모두가 알고 있는 지식임에도 말이다.

우리나라에서 직업 군인이 아닌 한 군대를 가고 싶어서 가는 사람은 없을 것이다. 대부분 눈물을 머금고 입대한다. 즉, 내가 의도해서 얻은 경험이 아니라는 것이다. 그럼에도 성취는 쌓인다. 이처럼 내가 의도한 경험뿐 아니라 의도하지 않게 경험한 것조차 가치를 지닐 수 있다.

워홀을 다녀온 경험, 사진을 배운 경험, 공사판에서 일해본 경험, 플리마켓을 열어본 경험 또는 다녀온 경험, 자동차 기능 시험에 떨어진 경험(붙은 것보다 더 가치 있을지도 모른다), 이케아 가구를 조립해 본 경험, 자녀에게 물로켓을 만들어준 경험 등 내가 경험한 것들을 하나씩 나열해 보면 다른 누군가에게는 반드시 필요한 정보들이 있을 것이다.

우리의 목표는 이러한 성취를 조금 더 가치 있게 만드는 것이다. 이때 당신의 성취는 다음 3가지를 통해 더 가치 있는 것으로 바뀐다.

① 우선 'Yes!'라고 답하기
② 내가 아는 것을 남에게 가르쳐 주기
③ 3개 이하의 주제에 집중하기

1) 우선 'Yes!'라고 답하기
앞에서 말했듯이 내가 의도하지 않은 경험도 분명 의미가 있다. 그러나 이제는 조금씩 의도적인 경험을 만들어야 한다. 어느 날 멘토에게서 갑자기 연락이 왔다.

"내일 오후 4시 30분에 대학생 150명 앞에서 10분짜리 강연을 해줄 수 있을까요?"

시계를 보니 4시가 조금 넘었다. 24시간 만에 150명에게 들려줄 10분짜리 강연을 준비해야 했다. 내가 평소 하던 강의 주제가 아니었지만 나는 망설임 없이 '하겠다'고 말했다. 그리고 바로 노트북을 켜고 PPT를 만들기 시작했다. PPT가 완성된 것은 자정쯤이었고, 친하게 지내던 또래의 후배들을 깨워 전화로 간단하게 발표를 해봤다. 그 친구들의 피드백을 받아 수정하고 나니 새벽 3시가 넘었다. 그대로 곯아떨어졌고, 다음 날 아침 눈을 뜨자마자 발표 연습을 했다. 그리고 오후 4시 30분. 눈앞에는 150명의 숭실대학교 학생들이 있었다. 나는 이렇게 말을 꺼내며 발표를 시작했다.

"정말 중요한 자리이기 때문에 여러분들이 시험 공부하듯이 이 강연을 준비했습니다. 네, 바로 어젯밤부터 준비했습니다."

학생들의 웃음으로 긴장을 풀고 준비한 강연을 제법 잘해 냈다. 강연이 끝나고 자리로 걸어오는 순간 다리가 풀렸다. 지금도 그때 다리가 풀렸던 장면이 영상으로 남아 있다. 갑작스러운 강연 요청이었지만 나는 거절하지 않고 도전하여 작은 성취 하나를 더 적립할 수 있었다.

| 강연을 마치고 내려오다 다리가 풀려 넘어질 뻔한 순간

   세상에는 수많은 성취의 기회들이 널려 있다. 때로는 그 기회가 예기치 않게 다가와 당신에게 노크할지도 모른다. 그러나 많은 사람들은 그것을 거절할 확률이 높다. 이런 말을 꺼내면서 말이다.

   "내가 돈을 더 모으고 나서⋯"
   "내가 조금 더 경력을 쌓고 나서⋯"
   "내가 조금 더 공부를 하고 나서⋯"

   대부분의 사람들은 이렇게 '~ 하고 나서'라는 말로 어렵게 찾아온 좋은 기회를 매몰차게 차버린다. 물론 그 마음은 충분히 이해된다. 현재의 실력이 부족해 보일 것이고, 겁도 날 것이고, 혹여 실패할까 걱정도 한가득일 것이다. 그런 당신에게 꼭 말하고 싶다.

"차라리 실패해 보세요."

실패의 경험도 우리가 얻을 수 있는 가장 큰 성취 중 하나이다. 생각보다 많은 사람들이 당신의 실패에 비웃음보다 박수를 보낼 것이다. 또한 실패에서 얻은 경험은 진정성이 더해지기 때문에 다른 사람들에게 더 흡인력 있는 스토리를 전해줄 수 있다. 그리고 무엇보다 실패를 통해 나라는 사람이 더욱 단단해진다. 성공의 반대말은 실패가 아니다. 성공의 반대말은 아무것도 하지 않는 것이다. 지금 사람들의 마음을 움직이는 콘텐츠를 만든 사람들은 모두 실패를 경험했다. 게리비가 그랬고, 김미경 선생님이 그랬고, 드로우앤드류 님도 그랬다. 그러니 기회가 오면 우선 'Yes!'라고 말하자. 나의 의도와 상관없이 성취를 쌓자. 사람들은 그렇게 쌓인 성취를 기다리고 있다.

2) 내가 아는 것을 남에게 가르쳐 주기

우리는 가르치면서 가장 많이 배운다. 다음 그래프를 보면 명확하게 알 수 있다.

당신은 이미 브랜드입니다

학습 효율성

1	가르치기	90%
2	토론하기	50%
3	시청각 수업	20%
4	말하면서 공부	10%
5	들으면서 공부	5%

들으면서 공부하는 것은 학습 효율성이 5%이지만, 가르치면서 공부하면 학습 효율성이 90%이다(이런 이유로 한때 '하브루타'라는 공부법이 대유행을 했다). 가르치면서 훨씬 더 많이 배우는 것이다.

내가 성취를 통해 알게 된 지식을 가르칠수록 그 성취의 가치는 더 높아진다. 아는 것과 알려주는 것은 분명 다르다. 잘 알려줄 수 있다는 말은 잘 팔 수 있다는 말과 같다. 우리는 그 전달 방법을 익혀야 한다. 다음 목록 중 내가 가르칠 수 있는 것을 찾아보자.

- 연애 잘하는 법
- 인물 사진 잘 찍는 법
- 스쿼트 잘하는 법
- 자기소개서 잘 쓰는 법
- 김치찌개 잘 끓이는 법

- 중고거래 앱 사용하는 법
- 비행기 티켓 싸게 사는 법
- 페트병 분리수거하는 법
- 주식 사는 법
- 포토샵으로 포스터 만드는 법

이 중 하나라도 해본 적이 있다면 그 경험을 토대로 남에게 알려줄 수 있다. 엄청난 지식을 가르치라는 것이 아니다. 말이나 글로 알려주는 습관을 들인다면 블로그나 유튜브 같은 SNS를 통해 전달할 수 있을 것이다. 그러다 보면 돈을 내고 볼 만한 가치 있는 콘텐츠가 만들어진다.

3) 3개 이하의 주제에 집중하기

조금씩 주제를 좁혀야 한다. 하나의 분야에 대해 알려줄 수 있는 것이 많아질수록 우리는 그 사람을 전문가처럼 바라보게 된다. 노트에 내가 알려줄 수 있는 목록들을 적어보면 겹치는 분야의 지식들이 있을 것이다. 그렇다면 그 분야를 더 깊이 파보자. 나는 영어, 퍼스널 브랜딩, 소셜미디어이다. 딱 3개의 주제에만 집중했기에 나름의 전문성을 키울 수 있었다. 주제가 적을수록 알려줄 수 있는 게 더 많아진다.

당신은 이미 브랜드입니다

롤모델이 되어라(Become a role model)

똑같은 운동화인데도 사람들은 나이키를 더 좋아한다. 그만큼 브랜드에 대한 신뢰도가 높기 때문이다. 마찬가지로 똑같은 말이라도 누가 하느냐에 따라 더 주의 깊게 듣고, 심지어 행동까지 변한다. 우리는 이런 사람을 '롤모델'이라고 한다. 롤모델이 되는 방법은 굉장히 간단하다. 다음 2가지만 지키면 된다.

① 약속을 지킨다.
② 꾸준함을 보여준다.

1) 약속을 지킨다

약속을 지킨다는 것은 굉장히 중요하다. 내가 무언가 하기로 했다고 선언했다면 그걸 꼭 지켜내는 모습을 보여줘야 한다. 이 방법은 평범했던 나를 누군가의 롤모델로 만들어 준 습관이다. 블로그 강연을 하겠다고 약속하고, 열심히 준비해 블로그 강연을 했다. '엄마영어'라는 수업을 만들겠다고 말하고, 바로 다음 달 엄마영어 수업을 만들었다. 다이어리를 만들겠다고 말하고, 실제로 다이어리를 제작해 크라우드 펀딩을 했다. 자기계발서를 출간하겠다고 말하고, 지금 이렇게 책을 출간했다. 나는 약속의 중요성을 잘 알고 있다. 내가 할 일은 딱 하나, 지키는 것뿐이다.《지적자본론》을 쓴 츠타야 서점의 CEO 마츠다 무네아키는 이렇게 말한다.

"약속을 지키는 인간으로서 신용을 얻어야, 그런 사람이 되기 위해 지속적으로 노력을 기울여야 인간은 비로소 자유를 손에 넣을 수 있는 자격이 생긴다. 그래서 나는 약속이라는 말을 사원들에게 유난히 강조한다."

2) 꾸준함을 보여준다

약속을 했으면 그것을 지켜야 한다. '몸무게 2kg을 빼겠어' '책 1권을 읽고 블로그에 글을 하나 올릴 거야' '일주일간 매일 1km씩 달려보겠어'와 같은 약속을 했다면 그걸 꾸준히 하는 과정을 보여줘야 한다. 그런 꾸준함을 보고 누군가 이렇게 말할 것이다.

"진짜 멋있다."

"진짜 열심히 산다."

사람들이 이러한 반응을 보였을 때가 바로 롤모델이 되는 순간이다. 롤모델이라는 제법 거창한 단어를 썼지만 결국은 '좋은 사람'이 되는 것이 우리의 목표다. 좋은 브랜드란 결국 좋은 사람이 되는 것이다. 그리고 당신이라는 좋은 사람이 만든 콘텐츠는 팔릴 수밖에 없다.

당신은 이미 브랜드입니다

연구하라(Study)

스물다섯 살이라는 어린 나이에 5,000만 원이라는 적지 않은 빚을 냈다. 카페만 차리면 입소문이 퍼져 손님들이 줄을 설 거라고 생각했다. 그러나 예상과는 달리 가게는 한산했고, 결국 일 매출 0원을 찍고 만다. 눈물이 앞을 가리고, 시간을 되돌리고 싶다며 후회한다.

유튜브 '신사임당'에 나온 이세잎이라는 분의 이야기다. 가게만 차리면 모든 게 잘 돌아갈 거라는 생각은 오산이었고, 상황은 점점 악화되었다. 이 이야기의 결과는 이렇다. 0원이던 일 매출이 140만 원을 찍게 된다. 사람들이 인스타그램과 블로그에서 자신의 카페를 추천해준다. 그렇게 월 700만 원의 순수익을 내는 카페 사장이 된다. 소설이 아닐까 싶을 정도의 놀라운 변화이다. 신사임당도 놀랐는지 그 방법을 묻자 이세잎 님은 이렇게 답했다.

"카페 출근 후 카페 창업 관련 책을 모조리 읽기 시작했어요. 형광펜을 그어가면서 책을 읽었고, 그 내용을 제 카페를 운영하는 데 적용해 보기 시작했습니다. 더불어 시장 분석과 업종 분석을 하며 제 카페에 대해 연구하기 시작했어요. 그렇게 2개월이 지나니 갑자기 결과가 나오기 시작했습니다."

5000만원 빚내서 카페 창업한 25살, 창업부터 폐업까지 현실적 이야기 (이세잎 1부) [창업, 카페, 폐업]

이 인터뷰는 내게 많은 교훈을 줬다. 우리는 모두 초보이자 비전문가로 시작한다. 그런 우리가 전문가가 되기 위해서는 반드시 연구(공부)를 해야 한다. 그 과정을 통해 내 상품과 콘텐츠를 당당하게 팔 수 있는 브랜드가 된다. 참고로 어떤 분야의 전문가가 되기 위한 방법은 다음과 같다.

- 관련 분야의 책을 최소 10권 이상 읽기
- 연구한 것을 반드시 적용해 보고, 피드백 받기
- 연구한 것을 자신만의 글이나 말로 풀어보기

1) 관련 분야의 책을 최소 10권 이상 읽기

책은 당신이 고민하는 문제들을 어떻게 해결할 수 있는지 알려주는 가장 빠른 지름길이다. 책에는 항상 새로운 아이디어와 경험이 들어 있다. 많은 사람들이 이렇게 쉬운 방법을 이용하지 않는다. 프리랜서가 되는 방법을 묻는 사람들이 많은데, 서점에 가보면 '프리랜서'라는 제목이 붙어 있는 책이 최소 30권은 넘게 진열되어 있다. 이처럼 관련 분야의 책을 여러 권 읽다 보면 아이디어들이 연결되고, 그 분야의 지식이 쌓인다. 최소 10권 이상의 책을 읽어야 남에게 전달할 만한 콘텐츠를 만들 수 있다.

2) 연구한 것을 반드시 적용해 보고, 피드백 받기

책에서 읽은 내용은 반드시 실제로 적용해 봐야 한다. 실제로 해보지 않고 전달만 하는 것은 그저 책에 있는 내용을 그대로 알려주는 것에 지나지 않는다. 그것은 온전한 나의 지식이 아니다. 책에 있는 내용을 직접 적용하다 보면 나만의 경험이 쌓이고, 나만의 아이디어가 생긴다. 그렇게 되면 성공이나 실패 사례를 이야기해줄 수도 있고, 기존의 지식을 더 강화해서 알려줄 수도 있다.

3) 연구한 것을 자신만의 글이나 말로 풀어보기

마지막으로 책에서 읽은 내용은 반드시 글이나 말로 다시 정리해야 한다. 책의 내용을 정리하다 보면 막히는 부분이 생기게 마련인데, 그것을 해결하기 위해서는 또 다른 연구가 필요하다. 이때는 다시 책을 읽고, 영상을 보고, 그걸로 부족하면 멘토가 되어줄 사람을 찾는다. 그렇게 온전히 자기 것으로 만든 지식을 다시 글이나 말로 전달한다. 이 과정을 꾸준히 반복하는 사람이 결국에는 전문가가 된다.

지식과 콘텐츠를 전달하는 모든 사람들은 이러한 과정을 거쳤다. 위로가 되는 것은 그들도 처음 시작할 때는 나와 같은 평범한 사람이었다는 것이다. 그러니 우리도 해낼 수 있다.

당신은 이미 브랜드입니다

"

실패의 경험도
우리가 얻을 수 있는
가장 큰 성취 중 하나이다.
생각보다 많은 사람들이
당신의 실패에
비웃음보다 박수를 보낸다.

"

더 가치 있는 브랜드가
되기 위한 3단계

그냥 브랜드에서 가치 있는 브랜드로

내가 브랜딩을 아는 것과 내가 브랜드가 되어가는 것은 마치 자갈과 금만큼이나 큰 차이가 있다. 자갈과 금은 사실 둘 다 '돌'이다. 하지만 하나는 아무도 찾지 않고, 하나는 누구나 찾으려 한다. 예전부터 사람들은 금을 만들어 내려고 엄청난 노력을 했다. 연금술사들이 수없이 시도했으나 금을 만들어 내는 법은 결국 찾지 못했다. 하지만 브랜딩은 다르다. 브랜드가 되는 법은 분명 존재한다. 게다가 매우 쉽고 간결하다. 다음 3단계만 잘 따르면 금을 만드는 연금술사가 되지는 못할지라도, 언제든 금을 살 수 있는 성공한 브랜드가 될 것이다. 다시 한 번 강조한다. 방법은 분명히 있다.

당신은 이미 브랜드입니다

1단계) 찾아라

좋아하는 것을 찾아야 한다. 여기서 좋아하는 것이란 남들이 좋아하는 것보다 적어도 10% 이상은 더 좋아하는 것을 말한다. 누구나 여행을 좋아한다. 그러나 대부분의 사람들이 좋아하는 정도라면 진짜 여행을 좋아하는 것이 아니다. 여행을 진짜 좋아한다고 말할 수 있으려면 1년에 50번은 여행을 떠날 마음이 있어야 한다. 여행 관련 세미나가 있으면 참석하고, 여행 작가들을 찾아가 함께 이야기를 나누고, 여행 장비에 미치고, 사진 찍는 법을 공부하고, 틈날 때마다 여행을 떠나서 기록해야 한다. '미쳤네!'라는 소리를 들을 정도로 돈과 시간을 써야 비로소 그것을 좋아한다고 말할 수 있다.

그럼 왜 좋아하는 것을 찾아야 할까? 내가 좋아하는 것이 아니면 오랫동안 지속할 수 없기 때문이다. 좋아하는 것도 일이 되면 하기 싫어진다고 하는데, 정말 좋아하지 않으면 일이 될 수조차 없다. 당신이 사랑하는 사람을 오래 만나는 것처럼 당신이 정말 좋아하는 것을 찾아야 오랫동안 관심을 가지고 열정을 쏟게 된다. 그 과정에서 전문지식이 조금씩 쌓이고, 내가 팔 수 있는 콘텐츠나 지식이 된다.

이제 내가 좋아하는 것을 찾았다면 다음 단계로 나아가자.

2단계) 키워라

좋아하는 것을 찾았다면 이제는 실력을 키워야 할 때다. 실력을 키운다는 것은 무슨 의미일까? 당신이 좋아하는 것에 대해 최소 50~100가지를 사람들에게 알려줄 수 있을 때 '실력 있다'고 말할 수 있다. 예를 들어 여행을 정말 좋아한다면 사람들의 취향이나 성격에 맞는 여행지를 소개할 수 있고, 여행 관련 꿀팁들이 수십 개 있으며, 티켓을 저렴하게 살 수 있는 방법을 알려줄 수 있어야 한다. 인스타그램에 꼭 올리고 싶을 정도로 사진이 잘 나오는 포토 스팟이나 스마트폰 기본 앱으로 사진을 예쁘게 찍는 법을 알려줄 수도 있다. 여행 중 친해진 현지 업체가 있다면 바로 연결할 수도 있어야 한다. 그러면 당신은 여행이라는 분야에서 실력 있는 사람으로 인정받는다.

이런 실력은 하루 이틀 만에 쌓이지 않는다. 엄청나게 많은 시간과 돈이 투자되어야 하는 일이다. 내 블로그에는 영어와 관련된 콘텐츠가 200개가 넘는다. 1개의 포스팅을 쓸 때 적게는 2시간, 많게는 정보를 찾는 것까지 합해 10시간 이상 걸리기도 한다(일주일이 걸린 적도 있다). 영어는 특히 정확한 정보를 전달하는 것이 중요하기 때문에 여러 책을 보며 공부해야 하고, 원어민 강사들의 강의를 들으며 현지에서 어떻게 쓰이는지까지 확인해야 한다. 어마어

당신은 이미 브랜드입니다

마하게 많은 시간이 걸리는 일이지만 글을 쓰는 과정에서 내 실력이 저절로 늘어난다.

실력을 키우기 위해서는 나보다 잘하는 사람을 찾아서 배우고, 책을 읽고, 따로 시간을 내서 공부하고, 그 내용을 글로 정리하고, 소리 내어 말해 보고, 가르쳐 보는 과정을 거쳐야 한다. 앞으로는 특히 이러한 실력이 더 중요한 지표가 될 것이다. 무료 플랫폼이 많아질수록 사람들은 실력 있는 사람을 더 명확하게 알아보기 때문이다.

실력을 키우는 가장 좋은 방법은 '가르쳐보는 것'이다. 내가 배운 것을 전달하기 위한 아주 좋은 훈련법이다. 가르쳐본 사람은 그것이 얼마나 어려운 일인지 잘 안다. 나는 운이 좋게도 영어를 가르치는 직업을 가졌기에 좋은 기회가 많았다. 그러나 강사가 아니더라도 가르칠 수 있는 기회는 얼마든지 있다.

수강생 중 한 명은 무료 특강을 열어 동영상 편집하는 법, 메타버스 활용법 등을 가르치고 있다. 이를 위해 책을 읽고, 모임을 가지는 등 자신의 강의 실력을 높이기 위해 많은 노력을 한다. 그는 아직 유명한 브랜드가 아니지만 머지않아 제법 유명한 브랜드가 될 것이다. 우리도 내가 알고 있는 정보를 누군가에게 가르쳐보자. 유튜브뿐만 아니라 모든 SNS는 결국 그런 사람을 위한 기회의 땅이다.

이렇게 실력이 쌓였다면 이제 세 번째 단계로 나아가자.

3단계) 알려라

나를 알리는 방법 중 가장 좋은 것은 SNS를 활용하는 것이다. TV나 인터넷 배너 광고를 통해 나를 알리려면 비용이 많이 든다. 그러나 SNS를 잘 활용하면 돈을 들이지 않고도 얼마든지 나를 알릴 수 있다.

블로그, 인스타그램, 유튜브, 페이스북, 틱톡 등 어떤 것이든 상관없다. SNS를 꾸준히 해보자. 다시 한 번 강조하는 것은 지금까지 '개인 기록용'으로 SNS를 활용했다면 이제는 남에게 '알리기 위한' 활동을 해야 한다는 것이다. 나만 읽는 것이라면 일기장에 써도 충분하다. 하지만 나를 알리기 위해서는 남에게 보여주기 위한 글을 써야 하고, 남에게 보여주기 위한 말하기를 해야 하며, 남에게 보여주기 위한 콘텐츠를 생산해야 한다.

자기가 나서서 자신을 알리는 것에 대해 부정적인 반응을 보이는 사람들이 있다. 좋은 제품은 가만히 놔둬도 알아서 잘 팔릴 것이라고 생각하는 것이다. 굉장히 낭만적인 이야기지만 현실은 전혀 그렇지 않다. 사람들에게 알리는 것에 익숙해져야 한다. 글을 쓰고, 영상을 촬영하자. 내가 누군지 말하고, 내가 무엇을 할 건지 말하고, 내가 무엇을 해줄 수 있는지 말하자. 사람들은 자신에게 좋은 영향력을 주는 사람을 가까이하고 싶어 한다. 자신의 삶에 가치를 더해 줄 무언가를 찾는 것이다.

이처럼 좋아하는 것을 찾고, 실력을 키우고, 사람들에게 알린다면 당신은 이미 브랜드이다.

브랜드란 결국 메시지다

당신에게 딱 하나 부족한 것

"당신은 이미 브랜드입니다"라고 말하면 열에 아홉은 고개를 갸웃거린다. 실제로 브랜드 강의에서 이 말을 하면 모두 "내가?" 하는 표정으로 나를 바라본다. 나는 이때 "브랜드에 관심을 가지고 이렇게 강의까지 들으러 오셨다면 당신은 이미 브랜드가 맞습니다"라고 말한다. 그리고 이제 여러분이 꼭 알아야 할 것이 있는데, 그것은 바로 '메시지'라고 강조한다.

"브랜딩이란 결국 메시지를 전달하는 것이다."

당신은 이미 브랜드입니다

그렇다. 내가 퍼스널 브랜딩에서 가장 강조하는 단어가 바로 '메시지'이다. 브랜드가 되기 위해서는 메시지를 찾아야 한다. 브랜딩은 메시지를 찾아 사람들에게 전달하는 과정이다. 지금 당신은 아무것도 쓰여지지 않은 빈 편지지다. 이제 해야 할 것은 편지지에 내용을 채우는 것이다.

왜 제 강의를 들으러 오셨습니까?

네이버 블로그에 대한 강의를 할 때였다. 20명이 넘는 수강생들 앞에서 한참 강의를 하다 질문을 던졌다.

"여러분, 왜 제 강의를 들으러 오셨습니까?"

수강생들이 골똘하게 생각하고 있을 때 나는 다시 물었다.

"저는 영어 강사입니다. 누가 봐도 영어에 훨씬 전문성이 있는 사람입니다. 블로그 전문 강사도 아닌 저에게 수강료까지 내고, 시간까지 내서 강의를 들으러 오신 이유가 궁금합니다."

그때 한 수강생이 이렇게 답했다.

"그냥 쌤에게 배우면 블로그를 시작할 수 있을 것 같아서요."

그렇다. 수강생들은 내가 지속적으로 전달한 메시지를 기억한 것이다.

"당신도 시작할 수 있고, 변할 수 있습니다."

나의 모든 활동은 이 하나의 메시지에서 나왔다. 처음 블로그를 시작했을 때 100일 동안 글을 올렸지만 일 방문객 수는 50명을 넘지 못했다. 블로그를 시작하는 사람들은 대부분 그렇다. 하지만 나는 잘되는 블로그를 파고들었고, 그것을 다시 내 블로그에 적용하다 보니 어느새 일 방문객 수가 50명에서 2,000명까지 늘었다. 그리고 내 주변 사람들은 이것을 지켜봤다. 이 시점에 이미 메시지는 전달된 것이다.

"저 친구는 우리보다 먼저 시작했고, 과거보다 확실히 변했어."

그 방법을 알려주겠다고 공지를 올리자 사람들이 모여들었다. 여기서 전문성은 크게 중요하지 않다. 블로그라는 단어를 떠올리면 영쌤이 떠오르는 것, 이것이 퍼스널 브랜딩이다.

어떻게 다이어리를 1,600만 원어치나 팔았을까?

2021년 말, 내가 기획하고 만든 다이어리를 와디즈에서 크라우드 펀딩을 했다. 2만 원이 넘는 다이어리였지만 3,100%가 넘는 펀딩률을 달성하며 큰 성공을 거두었다.

광고를 하지 않았는데도 와디즈 홈페이지 최상단에 노출되었

| 3,180%의 목표를 달성한 '천만 다이어리'의 크라우드 펀딩

고, '인기 펀딩 TOP 5'에도 들어갔다. 그 결과 총매출액은 1,600만

원에 달했다. 다이어리 자체만 놓고 본다면 다른 다이어리와 크게

다르지 않았다. 금박을 입힌 것도 아니고, 천연 소가죽을 쓴 것도

아니며, 최고급 펄프지를 넣은 것도 아니다. 게다가 가격이 싼 것

도 아니다. 그럼에도 사람들은 다이어리를 샀다. 나는 다이어리의

성공요인이 바로 '메시지'라고 생각한다.

만약 '이 다이어리는 너무 좋습니다'라고 메시지를 전달했다면

50만 원 정도 팔리고 말았을 것이다. 내 가족과 친구들만 샀을 테니까. 하지만 나는 다이어리의 본질에 대한 메시지를 담아 제품을 소개했다. 내가 전달하고 싶었던 메시지는 다음과 같았다.

"전 시작하는 힘을 믿습니다.
시작하는 사람에겐 놀라운 변화가 생깁니다.
당신의 시작과 변화를 돕고 싶습니다.
여기 천만 다이어리와 함께 시작해 보세요."

사람들은 다이어리를 꾸준히 쓰고 싶어 한다. 다만 어떻게 쓰는지 몰라 금방 귀찮아질 뿐이다. 대개 3일, 길어야 일주일이면 지겨워진다. 그렇게 앞 페이지만 열심히 기록하다 만 다이어리는 먼지가 쌓인 채 방치된다. 그래서 나는 '당신도 이 다이어리와 함께라면 시작할 수 있습니다. 당신도 이 다이어리와 함께라면 변할 수 있습니다'라는 메시지를 상세페이지에 담았다.

이 메시지가 전달되는 순간 '단순한 다이어리'에서 '의미 있는 다이어리'가 되었다. 사람들은 이 메시지를 읽으며 다이어리를 가득 채우고 있는 자신의 모습을, 다이어리를 씀으로써 일어날 놀라운 변화를 상상하게 된다. 이는 곧 사람들에게 의미로 다가갔다. 그렇게 나는 선택받는 브랜드가 되었다.

당신은 이미 브랜드입니다

내가 믿는 것이 나의 메시지다

브랜드 메시지를 찾기 위한 첫걸음은 나 스스로 믿음을 가지는 것이다. '시작과 변화'라는 키워드는 내가 가장 강력하게 믿는 단어이다. '시작하면 변한다' '당신도 할 수 있다' 이 키워드는 실제로 나를 시작하게 만들었고, 이로 인해 내 삶은 변했다. 사람들은 변화된 나를 보며 '나도 시작할 수 있다'는 믿음을 가졌다. 나의 메시지는 그렇게 전달되었다.

당신은 무엇을 믿는가? 당신은 디자인이 주는 행복을 믿을 수도 있고, 도전이 주는 아름다움을 믿을 수도 있고, 돈이 주는 자유를 믿을 수도 있다. 당신이 믿는 것이 브랜드 메시지가 된다. 당신은 그렇게 어엿한 하나의 브랜드가 된다.

변화를 만드는 5가지 도구

당신은 이미 브랜드입니다

초판 1쇄 발행 2022년 10월 10일
초판 2쇄 발행 2023년 1월 10일

지은이 김영욱
펴낸이 백광옥
펴낸곳 (주)천그루숲
등 록 2016년 8월 24일 제2016-000049호

주소 (06990) 서울시 동작구 동작대로29길 119
전화 0507-1418-0784 **팩스** 050-4022-0784 **카카오톡** 천그루숲
이메일 ilove784@gmail.com

기획 / 마케팅 백지수
인쇄 예림인쇄 **제책** 예림바인딩

ISBN 979-11-92227-90-0 (13320) 종이책
ISBN 979-11-92227-91-7 (15320) 전자책

저작권자 © 김영욱 2022~2023
이 책의 저작권은 저자에게 있습니다. 서면에 의한 저자의 허락 없이
내용의 일부를 인용하거나 발췌하는 것을 금합니다.

• 책값은 뒤표지에 있습니다.
• 잘못 만들어진 책은 구입하신 서점에서 교환해 드립니다.
• 저자와의 협의하에 인지는 생략합니다.